Heiner Müller / **Der Lohndrücker** /
/ und / **Die Umsiedlerin** / oder / **Das Leben auf
dem Lande** / Zwei Theaterstücke

Die DDR-Bibliothek

Heiner Müller / **Der Lohndrücker** /
/ und / **Die Umsiedlerin** / oder / **Das Leben auf dem Lande** / Zwei Theaterstücke

/ **Verlag Faber & Faber Leipzig** / 1995

Aufführungs- und sämtliche **Nutzungsrechte** /
bei **Henschel** Schauspiel Theaterverlag Berlin GmbH /
Alle **Rechte** an dieser Ausgabe / beim
Verlag Faber & Faber / SISYPHOS-PRESSE, **Leipzig** / 1995

Inhaltsverzeichnis / Der Lohndrücker 7 /
Die Umsiedlerin oder Das Leben auf dem Lande 69 /
Nachwort 233 /

/ Der Lohndrücker / Mitarbeit Inge Müller

Balke / Karras / Bittner / Krüger / Kolbe / Geschke / Stettiner / Zemke / Lerka / Brillenträger / Kalbshaxe / Kant Ingenieur / Trakehner Ingenieur / Direktor / Schorn Parteisekretär / Schurek BGL-Vorsitzender / Buchhalter / Fräulein Matz / HO-Verkäuferin / Reporter / Arzt / Budiker / Geheimrat / Arbeiter / Passanten

Das Stück spielt 1948/49 in der Deutschen Demokratischen Republik. Die Geschichte der Ringofenreparatur ist historisch. Die Personen und ihre Geschichten sind erfunden.

I Kneipe. / Straße mit Trümmerwand. / Abend. /
Der Budiker steht hinter der Theke und trinkt. /
Geschke und Stettiner, an der Theke lehnend,
trinken. / Der Geheimrat sitzt an einem Tisch. /
Die Straße ist leer.

Geschke *betrunken* **Ich habe alles kennengelernt: die Stempelstellen nach dem ersten Krieg, den Akkord und die Nazis mit Pauken und Trompeten und nach dem Schlamassel das neue Leben mit dem Leistungslohn. Aber das Bier, was der Arbeiterstaat ausschenkt, ist mir neu.**
Stettiner lacht.
Budiker **Arbeiterstaat. Arbeiterbier.**
Geheimrat kichert.
Geschke *zum Budiker* **Wer ist die Vogelscheuche?**
Budiker **Das ist der Geheimrat.**
Geschke **Ein Bier für den Geheimrat.**
Budiker bringt das Bier.
Geschke *hebt sein Glas* **Trink, Geheimrat.** Geheimrat weist das Bier zurück und mustert Geschke.
Geschke **Feiner Mann, der Geheimrat. Trinkt kein Arbeiterbier.**
Pause. Danach zu Stettiner:

	Balke, der Neue, der das Maul nicht aufmacht, hat eine Prämie eingesteckt für die Erfindung mit der Leiste. Die Erfindung stimmt, man schafft mehr.
Stettiner	**Fragt sich für wen.**
Geschke	trinkt aus **Wir müssen heraus aus dem Schlamassel. Was heißt da für wen? Gibst du noch eins aus?**
Stettiner	**Glaubst du etwa, was über dem Werktor steht, »Volkseigener Betrieb« ha? So dämlich bist du doch nicht, Geschke. Du bist doch auch Arbeiter.**
Geschke	**Der Unternehmer ist jedenfalls weg.**
Stettiner	**Davon kauf dir was. Noch ein Bierchen?**
Geschke	schmeißt Geld auf die Theke, tippt an die Mütze und geht, unsicher **Fragt sich, wer hier dämlich ist.**
Stettiner	**Zahlen.** Er tritt vor die Tür. **Zigarette, Geschke?**
	Geschke hat die Straße überquert, bleibt stehen, dreht sich um.
Stettiner	eine Zigarette in der ausgestreckten Hand **Komm her.**
Geschke	**Für eine Zigarette den ganzen Weg? Nein.**
	Stettiner steckt sich grinsend eine andere Zigarette an.

Geschke	**Halben Weg. In Ordnung?**
	Stettiner grinst. Geschke geht drei Schritte auf ihn zu, bleibt stehen. Stettiner raucht.
	Zwei Schritte geb ich zu. Er tut es. Pause. **Sei kein Unmensch, Stettiner.**
Stettiner	**Zwei Zigaretten.**
Geschke	**Ich hab gesagt: halben Weg.**
Stettiner	**Zwei Zigaretten.**
	Pause, Stettiner schmeißt Geschke eine Zigarette hin und geht. Geschke hebt die Zigarette auf, steckt sie ein und geht auch. Der Budiker hat zugesehen und nimmt lachend seinen Platz hinter der Theke wieder ein. Auf der Straße erscheint ein Plakatankleber und klebt ein Plakat mit dem Text: »SED – Partei des Aufbaus« an die Trümmerwand. Als er gegangen ist, kommt ein junger Mann, bleibt vor dem Plakat stehn, blickt sich um, reißt es ab und geht pfeifend weiter. Drei Arbeiter, müde, Aktentaschen unterm Arm, gehen über das am Boden liegende Plakat.

II Kantine. / Mittagspause. / In der hinteren Wand eine Klappe, durch die in Blechschüsseln das Essen gereicht wird. / Links ein HO-Stand, daran ein Spruchband aus Pappe mit dem Text: »Vorwärts zu neuen Erfolgen!« Die Arbeiter sitzen auf Kisten und Stühlen an rohen Tischen, löffelnd, oder stehen vor dem HO-Stand. Die Verkäuferin baut die Waren auf, befestigt Preisschilder (Butter: »Kilo 60 DM« usw.).

Stettiner **Hier gibt's alles, Geschke, kauf.**

Geschke kratzt seine Eßschüssel aus **Mein Geld kann die HO nicht wechseln.**

Junger Arbeiter **Gibt's die Butter auch grammweise, Fräulein?**

Die Verkäuferin **Wenn du mich auf den Arm nehmen willst, überhebst du dich, mein Junge.** Brillenträger, kurzsichtig, studiert löffelnd mit krummen Knien die Preisschilder.

Stettiner **Immer heran, Herrschaften, hier wird euch die Haut abgezogen.**

Alter Arbeiter **Du halt's Maul, Stettiner. Du hast laut genug Heil gebrüllt. Kannst die Suppe ruhig mit auslöffeln.**

Stettiner feixend **Die Preise hier hat Hitler gemacht, was?**

Alter Arbeiter	**Stimmt.**
Stettiner	**Und für den Westen billiger hat er auch gemacht.**
Alter Arbeiter	**Das wird sich zeigen.**
Die Verkäuferin	da niemand kauft **Nicht drängeln. Es kommt jeder dran.**
Karras	**Worauf wartet ihr?** Er greift sich eine Flasche Schnaps, macht sie auf, trinkt; zu Balke: **Prost, Aktivist!** Balke schweigt. Karras gibt die Flasche an Zemke weiter, der an Geschke usf.
Die Verkäuferin	zu Karras, laut **Macht 41 Mark, Kollege.**
Karras	greift nach der Flasche **Wieso?**
Geschke	sich den Mund wischend **Ist doch Volkseigentum. Lesen Sie keine Zeitung, meine Dame?**
Zemke	**Zu lange in der Frauenschaft gewesen?**
Die Verkäuferin	zu Karras **Sie haben noch nicht bezahlt, mein Herr.**
Karras	trinkt die Flasche leer **Ich geb die Flasche zurück. In Ordnung?**
Die Verkäuferin	laut **Wo ist der Betriebsschutz?**
Karras	zu den Mittrinkern **Legen wir zusammen?** Schweigen. Brillenträger verläßt die Kantine.
Ein Arbeiter	**Warum säufst du, Karras?**
Karras	**Weil ich nichts zu fressen habe.**
Der Arbeiter	**Kauf dir was.**
Karras	**Und wer bezahlt den Schnaps?**

Er tritt an den Stand und zahlt.

Den Kassenzettel!

Die Verkäuferin **Wieso?**

Karras **Zum Andenken an 41 Mark.**

Die Verkäuferin **Hab keine Kassenzettel.**

Karras reißt ein Stück Pappe von dem Spruchband **Da!**

Die Verkäuferin quittiert auf der Pappe **Bitte.** Karras steckt die Pappe ein und setzt sich abseits auf eine Kiste.

Ein sehr
alter Arbeiter auf die Preisschilder starrend **Die Nazis haben das Genick gebrochen. Ich hab gedacht, jetzt fängt das neue Leben an, für das wir die Haut zu Markt getragen haben, und für uns Arbeiter kommt das Paradies.**

Ein anderer **Das Sowjetparadies.**

Der sehr
alte Arbeiter zu Schurek **Jetzt frag ich dich: Wer kann sich Butter kaufen für 60 Mark?**

Balke tritt an den Stand **Ein Pfund Butter.**

Balke zahlt, die Verkäuferin gibt ihm die Butter.

Stettiner **Soviel Geld hat nicht jeder.**

Geschke **Es kriegt auch nicht jeder eine Prämie.**

Zemke **Hände waschen, Fräulein, das Geld stinkt.**

Stettiner **Es hat sich schon mal einer die Finger verbrannt an einer Prämie.**

Schurek	auswendig **Wenn wir besser leben wollen, müssen wir mehr produzieren. Das ist doch klar, Kollegen.**
Ein Arbeiter	**Jetzt reiten wir zum Tierarzt, sagte der Viehhändler. Da hatte sich der Gaul das Bein gebrochen.**
Stettiner	**Genau wie früher. Der Arbeiter ist der Dumme.**
Balke	**Schlagt euch nicht den Schädel ein, zerbrecht euch lieber den Kopf.**
Zemke	provozierend **Was denn, wenn wir den Laden hier zusammenschlagen, stellen sie uns morgen einen neuen her!**
Balke	**Wir müssen die Butter billiger machen.**
Zemke	**Sieh mal an, der Aktivist.**
Karras	**Und wie will er das machen, der Klugscheißer?**
Balke	heftig **Besser arbeiten.**
	Großes Gelächter. Herein Ingenieur Kant. Er geht zu Bittner, der noch sitzt und ißt.
Kant	**Im Ofen 4 sind drei Deckel gerissen, Bittner. Die müssen in drei Tagen aufgemauert sein, oder wir sitzen fest.**
Bittner	kauend **Ich weiß. Aber ich hab zwei Maurer weniger als vor acht Tagen und kein beßres Material.**

Balke	Wir sind sechs. Zwei Mann für einen Deckel.
Bittner	Wir mauern zu dritt, wie immer. Drei Tage brauchen wir für einen Deckel. Das ist die Norm.
Balke	Gut, ich übernehm den zweiten Deckel und mache eine neue Norm.

Pause.

Lerka	Wenn Leistungslohn gezahlt wird, mach ich den dritten.
Kant	In Ordnung.
Balke	Aber wir brauchen Handlanger.
Geschke	Was kriegt der Handlanger?
Zemke	Ein steifes Kreuz.
Balke	zu Geschke **Machst du's?**
Geschke	**Nicht umsonst.**
Balke	**Wir arbeiten auch für Geld. Wer macht den Handlanger für Lerka?** Brillenträger, der zurückgekommen ist, stopft sich Brot in den Mund, tritt heran und hebt den Finger.
Lerka	**Gut.**
Geschke	**Was kriegt der Handlanger?**
Bittner	**Wir mauern, wie wir es gewöhnt sind, auf die alte Art und solide. Du denkst, du bist ein ganz gerißner, Balke. Wenn der Deckel gerissen ist, den du gemauert hast, wirst du an mich denken.**

III Halle. / Arbeiter, stehend oder sitzend, beim Frühstück und beim Skat.

Direktor — **Kollegen, wir kommen also jetzt zur Wahl der Gewerkschaftsleitung...**

Skatspielender Arbeiter — **Ich brauch keine.**

Ein essender Arbeiter — **Wo ist überhaupt die alte Leitung? Wo ist Kohn?**

Ein anderer — **Wo ist der Parteisekretär?**

Karras — **Im Westen. Kohn hat da einen Schrebergarten geerbt, und der Sekretär ist mit und hilft umgraben.**

Gelächter.

Direktor — **Vorgeschlagen ist Schurek. Ihr könnt natürlich andere Vorschläge machen. Ihr müßt wissen, wem ihr euer Vertrauen schenken wollt.**

Ein Arbeiter — **Schenken ist gut gesagt.**

Ein anderer — **Geschenkt ist geschenkt.**

Lachen.

Schurek — **Kollegen, wir wissen alle, worauf es ankommt. Reine Weste, ein Herz für die Kollegen und die Treue zur Arbeiterregierung –**

Karras lacht.
Direktor **Willst du's machen, Schurek?**
Schurek nickt bescheiden.
Also schlage ich den Kollegen Schurek vor, ihr kennt ihn, und er kennt sich aus. Habt ihr andere Vorschläge?
Zemke **Schurek ist ein Arschkriecher.** Ab.
Direktor **Hast du einen Vorschlag, Kollege?**
Geschke zu Stettiner **Wer Schurek wählt, ist selber schuld.**
Stettiner **Willst du's machen?**
Geschke schweigt.
Unser Recht kriegen wir nie. Hier nicht. Egal, wer den Bonzen macht.
Ein anderer **Wir können nichts machen.**
Direktor **Also, wer für Schurek ist, Hand hoch.**
Die Arbeiter, auch die Esser und Skatspieler, auch Geschke, heben die Hand, einige mit Frühstücksbrot oder Spielkarte. Wenige Ausnahmen, darunter Karras.
Karras laut **Ich kann jetzt nicht, hab die Hand grad in der Tasche.**
Direktor zählt die Stimmen.

IV Halle mit Ringofen. / Balke und Lerka bei der Arbeit an den Kammerdeckeln. Geschke, Balkes Handlanger, und Brillenträger, Lerkas Handlanger, schleppen Steine heran. Balke und Geschke bauen aus Klötzen und Brettern eine Bank um den Kammerdeckel, darauf Steine, Schamotte, Mörtel und vier Kalkkästen, an jeder Ecke einen. Lerka mauert schon, sehr schnell und schwitzend, Steine usw., aber nur einen Kalkkasten auf dem Boden, so daß er sich nach jedem Stein bücken muß.

Balke **So machst du dich kaputt. Nimm vier Kalkkästen und alles auf die Bank.**
Lerka **Ja, auf die lange Bank!**
Balke **Es ist die kurze.**
Lerka **Mich kostet die Minute einen Groschen.**
Balke **Du machst dich kaputt.**
Lerka ächzend **Besser ein Jahr weniger, aber gut gelebt.** Balke arbeitet, Lerka schuftet. Geschke und Brillenträger, die Handlanger, kommen mit leeren Hucken, ohne Steine.
Lerka zu Brillenträger **Steine her!**
Brillenträger **Die Steine sind alle.**
Geschke zu Balke **Die noch da sind, sind feucht.**

Lerka zu Brillenträger **Bring, was du kriegen kannst.**
Brillenträger **Und wenn der Deckel reißt?**
Lerka **Bring Steine.**

Brillenträger ab.

Balke zu Geschke **Frag den Ingenieur, wo wir trockne Steine herkriegen.**

Geschke ab. Pause.

Balke **Lerka, weißt du, was du machst, wenn du mit feuchten Steinen mauerst?**

Brillenträger bringt feuchte Steine, Lerka mauert.

Lerka **Tempo oder Qualität. Alles können sie nicht haben.**
Balke **Die Minute kostet einen Groschen, Lerka. Aber der Ofen kostet mehr.**
Lerka nervös **Wer hat mir was zu sagen? Der Laden hier ist volkseigen, stimmt's? Ich bin das Volk, verstehst du.**

Balke schweigt.

V Buchhaltung. / Büro des Direktors. / Ein schmaler Gang dazwischen. / Der Direktor betritt sein Büro, im Mantel. Er zieht den Mantel aus, setzt sich an den Schreibtisch. Der Buchhalter kommt über den Gang ins Büro. Fräulein Matz, allein in der Buchhaltung, unterbricht ihre Arbeit an den Lohnlisten und bearbeitet stattdessen ihre Fingernägel.

Buchhalter **Ich wollte Ihnen nur sagen, Herr Direktor, so geht es nicht. Eine Planung, die davon ausgeht, daß die Öfen ständig ausgelastet sind, ist unverantwortlich bei dem Zustand der Öfen. Ein Zwischenfall, und wir stehen vor dem Nichts!**

Direktor in einer Spiegelscherbe seine Bartstoppeln betrachtend, unaufmerksam **Wir stehen vor dem Nichts, mein Herr. Wir bauen ein zerstörtes Land auf. Das bedeutet: Produzieren, um jeden Preis produzieren.**

Buchhalter **Es kann sein, die Produktion ist der Preis. Ich möchte nur darauf hingewiesen haben. Ich wasche meine Hände.** Er geht zurück in die Buchhaltung. Fräulein Matz schminkt sich.

Buchhalter **Sie schminken sich schon wieder, Fräulein Matz.**

Fräulein Matz	**Kann ich dafür, daß der Lippenstift nichts taugt?**

Pause. Der Direktor zieht die Jacke aus und legt Rasierzeug zurecht.

Buchhalter	**Früher hielt man sich an die Termine, aber die Kirche blieb im Dorf. Es kam Geld ein. Das Ausland interessierte sich für uns, und der Arbeiter wurde satt. Das war die Ausbeutung. Davon sind wir ja nun befreit.**
Fräulein Matz	**Sehr komisch.**
Buchhalter	*scharf* **Sind die Lohnlisten fertig, Fräulein Matz?** *Fräulein Matz schweigt, arbeitet heftig. Der Direktor fängt an, sich einzuseifen. Die Seife schäumt nicht. Im Gang erscheint Schurek, Geschke hinter ihm.*
Geschke	**Hör mal, Schurek, ich brauch sie. Soll ich barfuß arbeiten?** *Er zeigt abgerissene Schuhe.*
Schurek	**Die Zuteilung ist ausgegeben.**
Geschke	**Ich war wieder nicht dabei.**
Schurek	**Wir stellen Tonbehälter her, feuerfeste Steine für die Industrie usw. Schuhe stellen wir nicht her, die Bezugsscheine machen wir nicht. Ich kann deinetwegen nicht aus der Reihe tanzen. Wir müssen Opfer bringen für den Sozialismus.**

Geschke	**Da soll ich barfuß in den Sozialismus laufen, was? Du gefällst mir, Schurek.** Schurek läßt Geschke stehen und geht ins Büro. Geschke blickt auf seine Schuhe. Es kommt ein junger Mann, der Reporter, er geht ins Büro. Geschke ab.
Direktor	noch überm Einseifen, zum Reporter, den er erwartet hat **Sie sind der Zeitungsschreiber?**
Reporter	**Ich brauch was über Produktionserfolge, für die Sonntagsbeilage.**
Direktor	**Das wird schwerhalten.**
Reporter	**Wie steht es mit dem Wettbewerb?**
Direktor	**Allein marschiert der Stiefel nicht.**
Reporter	**Wieso?**
Direktor	**Es muß ihn einer anziehn.**
Reporter	notiert **Aha. Nachtrabpolitik.**
Direktor	wütend **Sie halten die Produktion auf, mein Herr!**
Reporter	grinst **Die Schaumproduktion, was?**
Direktor	**Wenn die Seife halb soviel Schaum schlagen würde wie die Zeitungsschreiber.**
Schurek	zum Reporter **Ich hab was für Sie, Kollege. Wettbewerb. Warten Sie, ich hol den Ingenieur.** Ab. Schweigen in Buchhaltung und Büro. Der Direktor rasiert sich. Schurek kommt mit Ingenieur Kant zurück.

Kant	zum Reporter **Kant.**
Reporter	**Aus der Familie der großen Philosophen, was?** Er lacht ausgiebig.
Kant	**Nicht direkt.**
Reporter	**Sie arbeiten nach sowjetischen Neuerermethoden, sozialistischer Wettbewerb?**
Kant	**Wissen Sie, was ein Ringofen ist?**
Reporter	auswendig **Ofen mit in Ringform angeordneten Brennräumen, nacheinander als Vorwärm-, Trocken-, Brenn- und Abkühlkammer dienend, zum Brennen von Zement, Kalk, Ziegeln usw. ohne Unterbrechung. Rauminhalt einer Kammer 8 Kubik, Deckel und Wände aus feuerfester Schamotte. Heiße Arbeit.**
Direktor	**Ob er das ganze Lexikon auswendig weiß?**
Kant	**Wir sind knapp mit Öfen durch die Bombenangriffe. Wir können einpacken, wenn einer ausfällt. Das Material taugt nicht viel. Vor kurzem sind in einem Ofen drei Deckel gerissen, eine Woche, nachdem wir zwei Maurer verloren hatten; einer ging ins Sanatorium, der andre über die Grenze. Für die Reparatur war drei Tage Zeit.**
Reporter	**Sabotage, was?**
Kant	**Ich sagte schon: Das Material taugt nichts.**

Schurek	Sie haben gesagt: nicht viel.
Reporter	Verstehe. Objektive Schwierigkeiten.
Kant	Der Brigadier, ein alter Facharbeiter, erklärte: In drei Tagen ist die Reparatur unmöglich. Richtig ist: die Norm sieht für einen Deckel drei Tage vor.
Reporter	»Die Facharbeiter brechen sich kein Bein. / Wenn das Haus auch einfällt, ihnen fällt nichts ein.« Von mir.
Kant	Zwei nicht so alte Facharbeiter machten eine neue Norm. Das ist alles.
Reporter	Grandios.

Herein Lerka, eine Schramme im Gesicht. Er bleibt an der Tür stehn.

Lerka	*zu Kant* Der Deckel ist hin.

Pause.

Schurek	Du hast ihn gemauert, Lerka.
Kant	Sie haben feuchte Steine vermauert, was?
Lerka	Nicht direkt. Herr Ingenieur, ich war immer ein guter Arbeiter, aber wenn's schneller gehn soll, als es geht. Zehn Stunden Arbeit und zum Frühstück trocken Brot, und vier Kinder und eine kranke Frau.
Kant	Wissen Sie, was Sie da gemacht haben, Lerka?

Lerka	Werden Sie's mir vom Lohn abziehn? Mit der Prämie ist es aus, das weiß ich.
Schurek	Das ist Sabotage. Dafür wirst du bezahlen.
Direktor	Jemand verletzt?
Lerka	Nein.
Kant	Sie bluten.
Lerka	wischt sich mit dem Handrücken Blut aus dem Gesicht **Eine Schramme.**

Kant ab, ihm nach der Reporter. Wenn Lerka folgen will, spricht ihn der Direktor an.

Direktor	**Lerka, ich weiß nicht, warum du das getan hast. Aber ich kann nicht so tun, als hättst du's nicht getan. Ich sitz hier nicht für mich und nicht zum Vergnügen.**
Lerka	**Ihr könnt mir nicht den Kopf abreißen für ein Versehn. Denkt ihr, ich hab gewollt, daß der Deckel reißt?**
Schurek	**Du hast dir ins eigne Fleisch geschnitten. Jetzt schrei nicht, daß es weh tut.**

Pause.

Lerka	**So ist das also. Da schindet man sich krumm, ins Kreuz getreten dreißig Jahre, fressen wie ein Hund und in Trab wie ein Gaul. Und jetzt heißt es: ein Saboteur! Das ist also euer Arbeiterstaat. Ihr seid nicht besser als die Nazis.**

Direktor gepreßt **Sag das noch mal.**
Lerka **Ich hab gesagt, ihr seid nicht besser als die Nazis.** Direktor schlägt Lerka ins Gesicht. Pause. **Das kostet dich die Stellung, Direktor. Das ist nicht wie bei Hitler.** Ab. Pause. Dann geht der Direktor in die Buchhaltung hinüber.
Direktor **Sind die Lohnlisten fertig?**
Fräulein Matz **Ja.**

VI a Buchhaltung und Büro. / Der Direktor am Schreibtisch, angestrengt und lustlos lesend. / Auf dem Schreibtisch ein Stoß Bücher über Buchführung. / Der Buchhalter zahlt Lohn aus, an Geschke, an Brillenträger, an Balke.

Buchhalter zu Balke **Ihnen soll ich 400 Prozent auszahlen. Da kriegen Sie wohl das Geld für Herrn Lerka mit?**

Balke **Ja, 400. Nach der alten Norm. Das muß ich verlangen. Sonst kriegen wir die neue Norm nicht, die wir brauchen. Wenn man's ihnen schwer macht, machen sie sich's leicht.** Geschke und Brillenträger sehn zu, wie Balke das Geld einsteckt, gehn ins Büro zum Direktor, Balke ab.

Geschke **Der Aktivist kriegt eine Prämie. Die Steine haben wir geschleppt.** Brillenträger nickt.

Direktor **Was ihr gemacht habt, kann jeder machen.**

Geschke **Ich mach's nicht wieder.**

Mit Brillenträger ab. Schurek tritt ins Büro, eine Zeitung schwingend.

Direktor nervös **Was willst du?**

Schurek nimmt ein Buch auf und liest den Titel »**Doppelte Buchführung.**« **Wird der Buchhalter entlassen?**

Direktor Nein, kontrolliert. Was willst du?
Schurek entfaltet die Zeitung, in der Balke abgebildet ist. **Hier. Unser bestes Pferd. Das kommt in die Wandzeitung.** Er trennt das Blatt mit dem Bild ab, nimmt Reißnägel aus der Tasche, befestigt das Blatt an der Wand, tritt zurück und prüft die Wirkung.
Direktor **Hier ist kein Pferdestall.** Er liest weiter. Schurek ab. Das Zeitungsbild bleibt hängen. Der Direktor nimmt eine Flasche und ein Schnapsglas aus dem Schreibtisch, trinkt. Es kommt Schorn, der neue Parteisekretär. Der Direktor, nach einem Versuch, Glas und Flasche verschwinden zu lassen, stellt ein zweites Glas vor Schorn.
Schorn schiebt das Glas weg **Danke.**
Direktor füllt sein Glas **Hier ist ein heißes Pflaster. Leicht wirst du's nicht haben als Parteisekretär. Du bist der dritte.** Er trinkt. **Den ersten hat der Schnaps kaputtgemacht. Mit Saufen angefangen hat er wegen Sabotage. Der zweite war ein grüner Junge, frisch vom Lehrgang, ein Tintenfisch. Er sitzt im Westen. Der Arbeiter hat kein Vertrauen zur Partei. Der Faschismus steckt ihm in den Knochen. Granaten haben sie gedreht mit allen Vieren, jetzt schreien sie**

	»Akkord ist Mord«. Wenn du mich fragst: ich trau keinem. Er trinkt.
Schorn	auf das Zeitungsblatt deutend **Wer ist das?**
Direktor	**Balke, Bestarbeiter, 400 Prozent. Unser bestes Pferd.**
Schorn	**Er hat mir unters Beil geholfen 44, unser bestes Pferd. Gib mir einen Schnaps.**
Direktor	gibt ihm einen Schnaps **Der hat nur vierzig.**

VI b Kantine. / Mittagspause. / Am HO-Stand ein Schild: »Wegen Warenübernahme geschlossen«. Das Spruchband ist entfernt. Auf den Tischen liegen Decken. An der Hinterwand ein Brett. Darauf steht »Wandzeitung«. Das Brett ist leer.

Geschke löffelnd **Meinem Ausbeuter hätt ich so was ins Gesicht geschüttet.**
Kolbe **Geschke, der Held!**
Ein anderer **Es ist Fleisch drin.**
Karras **Fleisch hat er gesagt. Er spinnt. Das ist der Hunger.**
Kalbshaxe **Heiligabend hatten wir immer Kalbshaxe, bis vierundvierzig.** Zu Karras **Kennst du Kalbshaxe? Wenn du sie in Butter schmorst, zergeht sie auf der Zunge.**
Karras **Wer hat die Kalbshaxe bezahlt?**
Kalbshaxe kichernd **Der Staat. Ich war Beamter.**
Ein anderer **Und wer hat den Staat bezahlt?**
Zemke zu Kalbshaxe **Nazi gewesen?**
Kalbshaxe **Ich hatte sechs Kinder, Kollegen.**
Karras **Das kommt vom Fleischfressen.**
  Herein Fräulein Matz. Sie bringt das Zeitungsblatt mit Balkes Bild am Wandbrett an. Karras sieht ihr zu. Das Brett hängt hoch.
  Ich glaube, in der Suppe war Fleisch.

	Lachen. Fräulein Matz schnell ab.
Stettiner	**Da hängt der Aktivist.**
	Herein Balke.
Zemke	laut **Da kommt er persönlich, die Arschtasche prall von unserm Geld.** Er reißt das Zeitungsblatt mit Balkes Bild vom Wandbrett.
Stettiner	geht in Deckung, dann **Lohndrücker. Arbeiterverräter.**
Geschke	**Was kriegt der Handlanger, Balke?**
	Balke holt sein Essen, setzt sich. Die am Tisch Sitzenden stehn auf, zuerst Karras und Zemke. Sitzen bleiben Kolbe und Krüger.
Krüger	**Balke, ich hab nichts gegen dich, und Stettiner war in der SA und ist ein Arschloch. Aber das ist wahr: du bist uns in den Rücken gefallen.**
Balke	**Ich hab nichts für mich behalten.**
Stettiner	**Das ist nicht anständig, das ist dämlich.**
Balke	**Was ich gemacht habe, kann jeder machen.**
Karras	**Kann.**
Balke	**In der Versammlung gestern habt ihr euch das Maul zerrissen: es gibt keine Schuhe. Wenn die Arbeiter in den Schuhfabriken mehr Schuhe machen würden, hätten wir mehr Schuhe.**
Ein Arbeiter	**Mach ein Kind, wenn du kastriert bist.**

Schurek	Es liegt an uns, ob wir zu einem beßren Leben kommen.
Karras	Das kann ich in der Zeitung lesen, auf die mein Hintern abonniert ist.
Balke	Mit dem gescheiten Hintern gehörst du ins Büro.

Lachen.

Krüger	Liegt an uns, sagst du. Gut, an uns soll's nicht liegen. Aber wer schöpft ab? Hast du den Gewerkschaftsprediger gesehn in der Versammlung gestern?
Kolbe	Wenn er dir nicht gefällt, warum läßt du ihn dir gefallen?
Geschke	Warum wohl?
Kolbe	Im Direktorenzimmer sitzt ein Arbeiter am Schreibtisch. Du bist auch ein Arbeiter und kannst mit ihm reden.
Karras	Und wer hat Lerka die Sabotage angehängt für den Unfall? Der Arbeiter am Schreibtisch. Den Arbeiter hat er mit dem Arbeitsanzug ausgezogen.
Balke	Es war kein Unfall. Das wißt ihr so gut wie ich.

Pause.

    Wenn ihr von der neuen Norm nichts wissen wollt, wer drückt dann den Lohn, ihr oder ich?

Kolbe Ihr schneidet euch ins eigne Fleisch. Wir leben so gut wie wir arbeiten.

Krüger Den Finger geben wir, den Arm reißen sie uns aus.

Zemke zu Balke **Wenn du weiter den Lohndrücker machst, schlagen wir dich zum Krüppel.**

VII Straße. / Abend.

Schorn Wir haben zusammen in der Rüstung gearbeitet, Balke. Vierundvierzig haben sie mich eingesperrt: Sabotage. Dich haben sie nicht eingesperrt. Du warst Denunziant.

Balke Was heißt da Denunziant. Ich war in der Prüfstation. Da hatten sie mich hingestellt, weil sie mich hereinlegen wollten, zwischen zwei Aufpasser. Bei den Handgranaten aus eurer Abteilung waren die Schlagstifte zu kurz. Ich ließ sie durchgehn oder legte sie zum Ausschuß, je nachdem, wo die Spitzel standen. Das riß aber nicht ab. Ich war auch dafür, daß man den Krieg abkürzt, aber mir hätten sie den Kopf abgekürzt, wenn's ohne mich herauskam.

Schorn kalt **Vielleicht.** Schweigen. **Was war da für ein Streit in der Kantine heute mittag?**

Balke **Das ging gegen mich. Lohndrücker, Arbeiterverräter und dergleichen.** Pause.

Schorn **Sag es mir, wenn sie dir Schwierigkeiten machen.** Pause.

Balke **Was gewesen ist, kannst du das begraben?**

Schorn **Nein.**

VIII a Technisches Büro. / Die Ingenieure Kant und
Trakehner, der Direktor, Schorn, Balke, Bittner.

Direktor Der Ofen 4 ist gerissen. Ich brauche Ihnen
nicht zu erklären, was das heißt. Die zer-
bombten Öfen sind noch nicht wieder auf-
gebaut, Material ist knapp. Wenn ein Ofen
ausfällt, ist der Plan ein Stück Papier.

Trakehner Das ist er mit und ohne Ofen 4.

Direktor Darüber läßt sich streiten. Sie haben sich
den Ofen angesehn. Eins ist klar: Er muß
völlig umgebaut werden, mit Ausflicken
ist nichts getan. Das heißt: er fällt aus, vier
Monate, solange dauert der Umbau.
Es wird an die Tür geklopft.

Fräulein Matz Entschuldigung. Der Zeitungsreporter ist
hier. Er will zu Ihnen. Er sagt, er braucht
was aus der Produktion, für die Sonntags-
beilage.

Direktor Sagen Sie ihm, er soll über Maikäfer
schreiben. Das interessiert die Leute im
Dezember. Ich kann ihn nicht gebrauchen.
Jetzt nicht.

Fräulein Matz kichert, dann **Aber**... Auf einen Blick vom
Direktor **Ja. Maikäfer.**
Ab.

Direktor Es ist üblich, den Ofen für die Zeit des Umbaus ganz stillzulegen. Es ist immer so gemacht worden.

Pause. Trocknet sich den Schweiß ab.

Trakehner Ich sehe keine andre Möglichkeit.

Bittner Richtig, es ist immer so gemacht worden.

Kant schweigt.

Direktor Wenn wir den Ofen stillegen, kommen wir in Teufels Küche. Da sind vor allem die Liefertermine.

Trakehner Ist es vorgekommen, daß sie eingehalten wurden?

Direktor Es ist vorgekommen. Jedenfalls, mit dem Ofen 4 steht und fällt der Produktionsplan. Stillegen ist ausgeschlossen.

Trakehner Schön und gut, aber nicht stillegen ist auch ausgeschlossen.

Direktor Das wollt ich fragen.

Kant Sie wollen den Ofen bei Feuer umbauen?

Direktor Ja. Die Kammer, die in Arbeit ist, wird natürlich stillgelegt.

Trakehner Unfug.

Bittner Wenn das ginge, die Unternehmer hätten es gemacht.

Trakehner Preisfrage: Was fällt eher zusammen: Maurer oder Ofen?

Kant	Bei 100 Grad Hitze kann man vielleicht arbeiten. Die Frage ist: Kann man sauber arbeiten? Ich bezweifle das.
Schorn	Das ist nicht nur eine Frage der Technik, des Materials.
Trakehner	»Sondern eine Frage des Bewußtseins.« Ich maße mir nicht an, Ihnen da hineinzureden, schließlich werden Sie dafür bezahlt. Aber hier handelt es sich um Tatsachen.
Schorn	Die Arbeiterklasse schafft neue Tatsachen.
Trakehner	Hut ab vor der Arbeiterklasse. Aber Ausbeutung ist keine neue Tatsache.
Direktor	Der Maurer Balke hat sich bereit erklärt, den Ofen umzubauen, bei Feuer. Ich bin dafür, daß sein Vorschlag geprüft wird.
Trakehner	Balke ist ein Wirrkopf.
Schorn	Balke ist Maurer.
Trakehner	Ich verstehe. Wenn der Maurer den Ofen macht, ist er ein Held. Wenn der Ofen reißt, sind wir die Saboteure. Schorn lächelt.
Bittner	Der Ofen wird reißen.
Balke	Er ist gerissen.
Bittner	Du denkst, du bist gerissner, was?
Trakehner	Ich lehne die Verantwortung ab.

Balke	Ich verlange, daß ich den Ofen machen kann.
	Pause.
	Trakehner raucht eine Zigarre an.
Direktor	Wir kommen in Teufels Küche.
Trakehner	Denken Sie von mir, was Sie wollen. Ich habe immer meine Pflicht getan.
Direktor	Mehr.
Trakehner	Jawohl, auch mehr. Aber daß ich meinen Ruf als Fachmann aufs Spiel setze, das geht zu weit. Das kann niemand von mir verlangen. Pause. Dieser Plan ist etwas für den Papierkorb, eine Utopie.
Balke	zum Direktor Ich kann den Ofen auch ohne Ingenieur umbauen.
Trakehner	Bitte. Er steht auf. Ich finde mein Brot überall. Ihren Sozialismus aufzubauen ist kein Spaß. Er drückt seine Zigarre aus. **Nicht einmal die Zigarren sind ein Spaß.**
Schorn	Sie haben recht.
Trakehner	Wie?
Schorn	Ich sage, Sie haben recht. Aber Balke kann den Ofen 4 nicht ohne Ingenieur machen.
	Pause.
	Trakehner setzt sich und raucht die Zigarre wieder an.

Kant zu Balke **Haben Sie eine Kalkulation gemacht?**

Balke reicht ihm Papiere **Ich hab's versucht.**

Schweigen. Kant liest.

VIII b Halle. / Arbeiter. / Der Direktor, Balke und Schurek vor ihnen.

Direktor Eine große Sache haben wir vor. Das gibt ein Beispiel für die ganze Produktion. Damit können wir beweisen, was die Arbeiterklasse leisten kann. Es muß für euch eine Ehre sein, mitzumachen.
Pause.
Schurek Es ist eine Arbeit wie jede andre. Nur daß sie zum erstenmal gemacht wird.
Ein Arbeiter Schnaps ist Schnaps, sagte der Budiker und schenkte Terpentin aus.
Krüger Das ist Ausbeutung.
Balke Es geht um den Plan, Kollegen.
Stimme aus dem Hintergrund Wir scheißen auf den Plan.
Balke Fragt sich, ob ihr was zu scheißen habt ohne den Plan. Brillenträger lacht meckernd, verstimmt, als die andern nicht mitlachen.
Ich kann den Ofen nicht allein umbauen, aber wir brauchen ihn.
Schweigen.
Direktor Krüger, du sagst: Ausbeutung. Du bist dein Leben lang ausgebeutet worden. Jetzt ist dein Junge auf der Universität.

Krüger	Hab ich ihn auf die Universität geschickt? Ich war dagegen.
	Schweigen.
Balke	Es wird schwer sein, sehr heiß. Doppelter Verdienst, dreifache Arbeit.
Ein Arbeiter	Und acht Jahre, wenn was schief geht, wie bei Lerka.
Bittner	Ich sage, das wird Murks.
Balke	Ich weiß, was ich mache.
	Pause.
Kolbe	Ich hab in einem Panzer gesessen, bis fünfundvierzig. Das war auch kein Kühlschrank. Ich mache mit.
Krüger	tritt vor **Wenn's sein muß.**

VIII c Hof. / Stettiner, Geschke, dann Brillenträger, später Kolbe.

Stettiner **Brauchst du trockne Steine, Geschke? Am Ofen 4 liegt Vorrat.**
Geschke **Die braucht Balke selber.**
Stettiner **Eben.** Brillenträger, aus der Kantine kommend, bleibt stehen. **Mensch, wenn die den Ofen fertigkriegen, ist unser Lohn versaut bis 1980.** Kolbe kommt mit Balkes Essen aus der Kantine. Laut: **Er schleppt ihm schon das Essen in den Ofen, dem Herrn Brigadier. Der schont sich.**
Kolbe **Wenn ich herauskriege, wer Balke die Jacke geklaut hat, daß er nicht in die Kantine kann, aus der Ofenhitze über den Hof, ich weiß, was ich mache.**
Stettiner **Die Menschen sind schlecht.**
Kolbe ab.
Geschke **Hast du die Jacke?**
Stettiner **Wenn du eine brauchst, dir geb ich sie billig, Geschke.**
Geschke ab.
Brillenträger **Guter Stoff?**
Stettiner **Reine Wolle. Fast neu.**

VIII d Am Ofen. / Balke und Krüger. / Sie sind erschöpft. / Kolbe kommt mit Balkes Essen und Bier.

Kolbe *trinkt* **Gegen den Ofen war der Panzer ein Kühlschrank.**

Balke *essend* **Der Ofen ist kein Nazitank. Du kannst aussteigen.**

Krüger *zu Kolbe* **Hast du die Zeitung mit?**

Kolbe *zieht eine Zeitung aus der Tasche* **Hier. »Durchbruch im VEB ›Roter Oktober‹. Die Arbeiter des VEB ›Roter Oktober‹ erzielten einen Durchbruch. Der Aktivist Balke entwickelte den Plan, einen Ringofen, der gerissen war, ohne Betriebsunterbrechung umzubauen, was in diesem Produktionszweig als unmöglich galt. Propagiert durch den BGL-Vorsitzenden Schurek…«**

Krüger **Ausgerechnet Schurek.**

Kolbe **»…wurde diesem Plan begeistert zugestimmt, der eine Einsparung von 400 000 Mark bedeutet und die Planerfüllung sicherstellt. Wir suchten die Brigade des kühnen Neuerers an ihrem Arbeitsplatz auf, wo ein reges Treiben herrscht, und konnten einen Blick in den Ofen werfen.**

Wie diese Männer mit den Steinen
umgehn, das ist sozialistisches Tempo...«
Spinner! Ohne Tempo verbrennst du dir
die Pfoten. Er liest weiter. »Sie arbeiten mit
Handschuhen, denn die Steine glühen,
und im Vordergrund steht die Sorge um
den Menschen. Während eine Kammer
nach der andern stillgelegt, abgerissen und
neu ausgemauert wird, brennt nebenan
hinter einer dünnen Wand das Feuer weiter. Es kommt vor, daß die Pantinen der
Männer in Brand geraten. Eine Leistung,
welche sich der Laie nicht vorstellen
kann. Von den nackten Oberkörpern
rinnt der Schweiß, aus den Gesichtern
sprechen Entschlossenheit und Zuversicht. Die Belegschaft ist stolz auf sie.«

Balke Deswegen klauen sie uns auch die trocknen Steine, die wir brauchen.

Kolbe Wenn der Tintenkuli wiederkommt, machen wir Schulung mit ihm, bei hundert Grad im Ofen.

Krüger Dich hat er ja ganz schön herausgestrichen, Balke.

IX Ofen. / Darin Balke, Krüger und Kolbe bei der Arbeit. / Brillenträger wirft im Vorbeigehen einen Stein, der Balke trifft.

Krüger **Das ist zuviel.**
Kolbe den Stein aufhebend **Den heben wir auf. Das ist ein Beweisstück.**
Balke die getroffene Stelle reibend **Ist er trocken?**
Kolbe **Ja.**
Balke grinsend **Das Beweisstück wird vermauert.**
Kolbe reicht ihm den Stein.

X Kneipe, Straße. / Abend. / Der Budiker spült die Gläser. / An der Trümmerwand eine primitive Aktzeichnung. Daneben steht ein junges Mädchen.

Ein junger Mann schlendert an dem Mädchen vorbei und zurück **Haben Sie hier Modell gestanden, Fräulein?** Das junge Mädchen geht schnell ab. Geschrei von Kindern beim Kriegsspiel, näher kommend. Der junge Mann tippt mit einem Finger dem Akt auf die Brüste und geht dem Mädchen nach, pfeifend. Zwei Jungen mit rostigem Stahlhelm und Gasmaske, bewaffnet mit Resten einer Maschinenpistole. Ein dritter, der kleinste, trommelt auf einem Topf.

Erster Junge »schießt«, brüllt **Tot!**
Zweiter Junge **Gilt nicht.**
Der Erste geht auf ihn los und wirft ihn zu Boden. **Gib deine Waffen ab. Los!** Sie ringen um die Waffen.
Der Zweite **Ich bin der Ami, und der Ami gewinnt, sagt mein Vater.** Er »schießt«.
Der Erste **Spielverderber!**
Der Zweite **Feigling.**

Sich prügelnd ab. Der dritte folgt, trommelnd. Zwei Herren mit Aktentaschen.

Erster Herr	*im Gehen* **Wie ich die Lage sehe, kommt es bestimmt zum Krieg. Amerika kann sich das nicht gefallen lassen. Wissen Sie, was ich gehört habe?** Er sieht sich um, flüstert: ...
Zweiter Herr	**Er soll gesagt haben: Der Krieg ist nicht unvermeidlich.** Mit erhobenem Zeigefinger **Nicht unvermeidlich!** Die zwei Herren lachend ab. Zwei Bauarbeiter gehen in die Kneipe. Der Budiker bringt Bier.
Der erste Bauarbeiter	**Acht Tage noch. Dann saufen wir Wasser.**
Der Zweite	**Mein Eisschrank ist im Eimer, arbeitslos. Noch acht Raten.**
Der Budiker	**Die Herren sind von drüben?**
Der erste Bauarbeiter	**Was dagegen?**
Der Budiker	hält ein Glas mit Wasser hoch **Sehn Sie, was ich trinke? Wasser. Sie meinen, der Budiker kann Bier trinken? Hier nicht. Im Osten nicht. Hier wird der Mittelstand ausgehungert.**
Der erste Bauarbeiter	tippt dem Budiker auf den Bauch **Ist das auch Wasser?**
Der Budiker	**Der Gewerbetreibende hat nichts zu lachen. Lieber arbeitslos in Freiheit.**

Der erste Bauarbeiter	Gemacht. Wir übernehmen die Budike. Zum zweiten: Laß dir die Bücher zeigen, Hanke! Zum Budiker: Sind Hypotheken drauf?
Der Budiker	Seien Sie froh, daß Sie nicht in meiner Lage sind.
Der Bauarbeiter	Rückzieher? Das kostet.
Der Budiker	lacht blöd Weil Sie's sind. Eine Lage. Die Bauarbeiter trinken aus und gehen. In die Kneipe kommen Karras und Zemke. Der Budiker bringt Bier und Schnaps.
Zemke	Hast du noch eine Zigarette? Danke.
Karras	Balke hat es immer noch nicht aufgegeben, der verrückte Hund.
Zemke	Der braucht einen Denkzettel. Karras schweigt. Er arbeitet heute wieder länger. Er fährt mit dem Rad nach Hause, allein. Er muß hier vorbei.
Karras	Balke ist ein zäher Hund.
Zemke	Ein Lump ist er. Ich weiß Bescheid. Ich war rot wie keiner. Mit Faust und Stuhlbein für die Weltrevolution. Sie haben mich auf den Kopf geschlagen und in den Arsch getreten. Polizei und Reichswehr. Ich hab

gesagt: In Ordnung, es ist für die Weltrevolution. Dann hab ich gemerkt; unsre Führung hat den Kopf nicht hingehalten. Wie ich das gemerkt hab...

Karras Bist du zur SA gegangen.
Zemke Wieso?
Karras Warst du etwa nicht in der SA?
Zemke Geht's dich was an?
Pause.
Partei ist Partei. Alles dasselbe. Leere Versprechungen und die Kassen voll Arbeitergroschen. Die Weltrevolution müssen wir selber machen, Karras. Da wäscht uns kein Regen ab.
Karras Balke hat uns die Norm versaut. Dafür kriegt er acht Mark die Stunde und von mir einen Denkzettel, daß er nicht mehr in den Ofen paßt. Aber deine Weltrevolution kannst du allein machen, Zemke.
Zemke Schiß?
Karras Ich nicht.
Zemke Ich komm auf zwanzig Mark die Stunde, wenn ich will. Aber ich laß mich nicht kirre machen.
Pause.
Karras Wir haben ihn gewarnt. *Er geht zur Tür,*

blickt auf die Straße. **Er kommt.** Sie gehen hinaus, Balke entgegen.

Karras **Steig ab, Balke.**

Balke bremst sein Fahrrad und steigt ab **Was wollt ihr? Ihr seid ja besoffen.**

Karras **Wir haben dich gewarnt, Balke.**

Balke **Was wollt ihr?** Zemke schlägt zu. Das Fahrrad fällt um. An der Trümmerwand: **Ihr schlagt euch selber ins Gesicht.**

Zemke und Karras schlagen auf ihn ein.

XI Büro. / Schorn, Direktor.

Schorn Wenn Balke ausfällt, wer übernimmt den Ofen?
Direktor *zögernd* Es ist das erstemal, daß ein Ofen bei Feuer umgebaut wird.
Schorn Das heißt: Es geht nicht ohne Balke?
Direktor Noch nicht.
Schorn Es hängt viel von ihm ab. Zu viel. *Pause.* Ich habe mit ihm in der Rüstung gearbeitet, Handgranaten. Seine Handgranaten waren immer in Ordnung. Er war ein guter Arbeiter. Er hat die Aufrüstung nicht sabotiert. Ich frage mich: Wird er den Aufbau sabotieren?
Herein Stettiner.
Direktor Was willst du?
Stettiner Ich wollte fragen, ob mein Verbesserungsvorschlag schon geprüft ist. Es geht mir nicht um die Prämie.
Direktor Worum denn?
Stettiner Wir haben doch eine Arbeiterregierung. Ich bin Arbeiter.
Direktor Wir arbeiten nicht für die Regierung. Du kriegst Bescheid, wenn dein Vorschlag geprüft ist.

Stettiner	bleibt stehen **Ich war in der SA, das stimmt. Hitler hat mich hereingelegt. Jetzt haben wir eine Arbeiterregierung.**
Direktor	schroff **Was willst du?**
Stettiner	**Ich will eintreten, in die Partei.**
	Direktor schweigt. Pause.
Schorn	**Hier ist ein Formular. Füll es aus.**
	Stettiner ab mit dem Formular.
Direktor	**Zweimal Arbeiterregierung** blickt auf die Uhr **in drei Minuten. Das ist zuviel.**
Schorn	**Drei neue Mitglieder im Jahr, das ist zu wenig.**
Direktor	**Weniger ist vielleicht mehr.**

XII Am Ofen. / Balke, im Gesicht Schlagspuren, Kolbe und ein Arzt stehen vor Krüger, der bleich auf den Steinen hockt, an Steine gelehnt. / In einiger Entfernung Bittner, Karras, Zemke und andere. / Krüger atmet mühsam.

Der Arzt Ich habe gesagt, diese Art zu arbeiten ist Selbstmord. Aber auf den Arzt hören sie ja erst im Sarg. Zu Krüger: Hören Sie, Mann, lassen Sie den Ofen Ofen sein, sonst krieg ich Sie nicht wieder auf die Beine. Sie, Balke, gehören auch eher in ein Krankenbett als in den Ofen.

Balke Ich glaube, Sie wissen nicht, worum es geht, Herr Doktor.

Der Arzt Um die bessre Zukunft auf den Knochen der Arbeiter, wie?

Krüger mit Anstrengung Das hätten Sie den Nazis sagen sollen, Doktor.

Der Arzt Ich verbiete Ihnen zu sprechen, Krüger, Sie kriegen eine Blutung.

Krüger Vorhin haben Sie gesagt, das ist schon eine.

Der Arzt Noch ein Wort, und Sie haben eine. Was ist mit Ihrem Schädel, Balke? Wollten Sie wieder mit dem Kopf durch die Wand? Die Wand war stärker, wie?

Balke **Die Wand war ich.**
Karras ab. Herein zwei Arbeiter mit einer Trage.
Sie bringen Krüger hinaus, gefolgt vom Arzt
und Kolbe. Die Zuschauer zerstreuen sich.
Zurück bleiben Bittner und ein junger Arbeiter.
Balke setzt sich auf die Steine.
Der junge
Arbeiter **Bittner, was meinst du, schaffen sie's?**
Bittner zieht die Schultern hoch. **Wetten wir.
Ich sag: sie schaffen's.**
Bittner **Ich wette nicht.**
Der junge Arbeiter ab. Bittner tritt zu Balke,
bietet ihm eine Zigarette an. Balke nimmt eine
volle Packung aus der Tasche. **Hast du schon
Ersatz für Krüger, Balke?** Balke schweigt.
**Ich würde schon mitmachen. Was sein
muß, muß sein.** Balke schweigt.
**Das ist so: Ich hab gedacht, ich bin seit
dreißig Jahren Ofenmaurer, ich weiß alles
über Öfen, und mir macht keiner was vor.**
Balke **Und wenn du dich wieder irrst?**
Bittner **Willst du den Ofen allein machen, Balke?**
Balke steht auf **Hab ich das gesagt? Ich hab
nichts dagegen, daß du mitmachst.**
Bittner **Gehn wir zusammen?** Sie gehen.
Stettiner und Brillenträger kommen vorbei.

Stettiner Wenn einer den Einfall hat, genügend Steine in den Gaskanal zu schmeißen, seh ich schwarz für Balke und den Ofen.

XIII Am Ofen. / Balke, Schorn.

Balke Steine im Gaskanal. Das heißt: drei Tage Aufenthalt. Der Plan fällt ins Wasser. Pause. Ich frage mich, wie lange steht der Ofen noch. Ich höre auf, ehe sie ihn in die Luft jagen. Sie haben gelacht über den blöden Aktivisten. Steine haben sie mir nachgeschmissen. Sie haben mich zusammengeschlagen auf der Straße. Ich werd ihnen was scheißen.
Schorn Wem? Schweigen. Weißt du, wer die Steine in den Gaskanal geschmissen hat? Schweigen.
Balke Was passiert, wenn ich den Namen sage?
Schorn Du mußt wissen, was du willst, Balke.
Balke Ich bin kein Denunziant.
Schorn Du mußt wissen, was du willst. Uns gehören die Fabriken und die Macht im Staat. Wir verlieren sie, wenn wir sie nicht gebrauchen.
Schweigen.
Balke **Der Brillenträger war's.**

XIV
Kantine. / Arbeiter, die Verkäuferin.

Zemke
: Erst Lerka, jetzt der Brillenträger. Das ist zuviel.

Stettiner
: Das ist die Arbeitermacht. Ab.

Geschke
: Ja, das lassen wir uns nicht gefallen.

Ein anderer
: Was können wir machen?

Ein junger Arbeiter
: Wir streiken.

Ein älterer
: Wir schneiden uns ins eigne Fleisch.

Zemke
: Ich kenn einen, der im Ministerium sitzt. Unter Hitler war er so – er zeigt ein Streichholz. Jetzt hat er Übergröße und braucht jede Woche einen neuen Anzug. Das ist das Fleisch, in das wir schneiden. Wer arbeitet, ist ein Verräter.

Sirene. Der ältere Arbeiter ab.

Ein Alter
: Ich wette, der hetzt uns die Polizei auf den Hals.

Einige Arbeiter ab.

Ein Arbeiter
: zum Alten Dir kann's ja recht sein. Dein Ältester ist doch bei der Polizei.

Der Alte
: Ja, er ist schon Leutnant. Er steht auf und geht, langsam. Zwei andre folgen.

Zemke
: Wer arbeitet, ist ein Verräter.

Pause.

Tritt an den HO-Stand: **Bier.** Die Verkäuferin kommt heraus und schließt den Stand ab.

Was soll das heißen?

Verkäuferin trocken **Streik.** Ab.

Ein Arbeiter **Das geht zu weit.**

Ein anderer steht auf und geht. Herein Balke.

Zemke **Da kommt der Denunziant.**

Balke zu Bittner und Kolbe **Wollt ihr nicht anfangen?**

Zemke pflanzt sich vor Balke auf **Mit einem Denunzianten arbeiten wir nicht.** Bittner und Kolbe schweigen. Balke ab. Zemke spuckt aus. Pause.

Ein Arbeiter **Ich will meine ruhige Kugel schieben, das ist alles. Akkord ist Mord.**

Zemke hat den HO-Stand aufgebrochen, zerrt einen Kasten Bier heraus. Dabei tritt er auf die Butter.

Karras **Steig von der Butter, Zemke.**

Zemke **Scheiß auf die Butter.**

Die Arbeiter, außer Karras, Bittner und Kalbshaxe, holen sich Bier.

Zemke **Was ist mit dir, Kalbshaxe?**

Kalbshaxe **Ich hab kein Geld.**

Zemke **Das ist Freibier, du Idiot. VEB Zemke.**

Kalbshaxe holt sich Bier. Es kommen Balke, Schorn, der Direktor mit einigen Arbeitern.

Schorn	**Bringt das Bier zurück.** Zemke trinkt, Schorn ansehend, in langen Zügen. Die Arbeiter, einer nach dem anderen, trinken zögernd. Kolbe, eine Flasche in der Hand, trinkt nicht. **Was wollt ihr?**
Zemke	trinkt die zweite Flasche **Gerechtigkeit.**
Andere	**Wo ist der Brillenträger?**
	Wo ist Lerka?
	Die Norm muß weg.
	Akkord ist Mord.
Schorn	zeigt auf die zertretene Butter **Soll die Butter auch weg?**
	Pause.
Ein Arbeiter	**Was hat die Butter mit der Norm zu tun?**
Schorn	**Ohne Norm keine Butter.**
Ein Arbeiter	**Ohne Butter keine Norm.**
Schorn	**Wer macht die Preise?**
Zemke	**Uns machst du nicht besoffen.**
Schorn	**Das besorgt ihr selber, wie?**
Direktor	**Geht an die Arbeit.**
Zemke	**Nicht ohne den Brillenträger.**
Direktor	**Die Sabotage kostet zwanzigtausend.**
Schorn	**Das ist unser Geld. Und ihr schreit nach Freiheit für den, der uns darum gebracht hat.**

Zemke Schön reden konnten sie schon immer, wenn's um ihre Posten ging. Wer arbeitet, ist ein Verräter.

Balke Und worum geht's dir, du Maulheld?

Schorn Du kannst gehen, Zemke.
Pause.

Zemke Ich mache, was ich will. Er steckt die Bierflasche ein und geht zur Tür.

Schorn Das Bier wird bezahlt.
Zemke zurück, schmeißt Geld auf das Verkaufsbrett, ab. – Schweigen.

Direktor Geht an die Arbeit.
Einige Arbeiter legen Geld auf den Verkaufstisch und gehn.

Geschke zu Schorn Du hast die Politik gefressen, Sekretär. In Amerika gibts keinen Sozialismus, aber Arbeiter, die im eignen Auto fahren. Im Sozialismus gibts Schuhe auf Bezugsschein. Erklär mir das.

Schorn Das Auto gehört dem Arbeiter. Aber wem gehören die Arbeiter? Unsre Schuhe gibts auf Bezugsschein. Aber die Autofabriken gehören uns.

Alter Arbeiter Reden kannst du. Aber wer sagt uns, daß es stimmt?

Herein Schurek, hängt ein Spruchband mit Text »Die Werktätigen fordern die Erhöhung der Norm« auf.

Schorn · **Wir gehn drauf, wenn ihr's nicht begreift. Alle.**

Karras · **Geschke fragt nach Schuhen.** *Er hebt Geschkes Fuß an, den löchrigen Schuh zeigend.* **Hier. Draußen 10 Grad Frost. Du willst ihm das Maul mit Autofabriken stopfen. Wir beschweren uns, daß ihr die Norm hochsetzt über unsern Kopf weg. Ihr hängt uns ein Schild vor die Nase: »Die Werktätigen fordern die Erhöhung der Norm«. Der Sozialismus bleibt links liegen.**

Schurek · **Wir nehmen eure Interessen wahr, wenn wir die Norm hochsetzen.**

Karras · **Ein Maurer jagt einen Ofen in die Luft. Ihr sagt: Saboteur. Weg mit Schaden. Habt ihr ihm erklärt, warum der Aktivist 400 Prozent kriegt und er ein Taschengeld? Warum wird Schurek fett, seit er unsre Interessen wahrnimmt?**

Schorn · **Wer hat Schurek gewählt?**

Ein Arbeiter · **Nicht für immer.**

Schurek verschwindet.

Schorn grinst **Wählt eine Kommission, zur Untersuchung, warum Schurek fett wird, seit er eure Interessen wahrnimmt.**
Direktor **Vergeßt nicht, das Bier zu bezahlen.**
Geschke **Und was ist mit der Norm?**
Schorn auf das Spruchband deutend **Wollt ihr den Unternehmer wiederhaben, reißt das ab.**
Arbeiter legen Geld auf das Verkaufsbrett.
Schorn **Wo ist die Verkäuferin?**
Ein Arbeiter **Sie hat gehört, daß wir streiken.**
Ein anderer **Hat den Laden einfach zugemacht und ist verschwunden.**
Kalbshaxe **Keine Disziplin. Da muß durchgegriffen werden.**
Geschke zu Kalbshaxe **Wer bezahlt die Butter, die du geklaut hast, Justizrat?**
Kalbshaxe leert seine Taschen aus **Ich war nur Inspektor.**
Arbeiter ab. Es bleiben Bittner, Kolbe, Karras. Karras nimmt eine Flasche Bier, bezahlt, setzt sich und trinkt.
Direktor zu Balke, Bittner und Kolbe **Wie lange braucht ihr, bis der Schaden behoben ist?**
Balke **Drei Tage.**
Direktor **Und der Termin?**
Balke **Wir schaffen's, wenn wir schnell arbeiten.**
Bittner nickt.

Kolbe   Mit dem Saboteur will ich nichts zu tun haben, aber mit einem Denunzianten arbeite ich nicht.
Pause.
Balke   Dann dauert es fünf Tage, und wir können den Termin nicht einhalten.
Kolbe   Die Arbeit im Ofen 4 ist freiwillig.
Er bleibt an der Tür stehn.
Direktor   Karras, was ist mit dir? Du bist Ofenmaurer.
Karras   Balke ansehend, der sich wegwendet **Balke hat die Suppe eingebrockt, soll er sie auslöffeln.**
Schorn   **Balke ist nicht für sich selber in den Ofen gegangen.**
Pause.
Karras   Wann soll ich anfangen?
Kolbe ab.
Balke   **Ihr habt euch das Maul zerrissen über den Lohndrücker, ihr wolltet nicht begreifen, worum es geht. Ihr habt mir Steine nachgeschmissen. Ich hab sie vermauert. Ihr habt mich zusammengeschlagen, du und Zemke, als ich aus dem Ofen kam. Und wenn ich mit den Zähnen mauern muß, mit dir nicht.**
Schweigen.

Karras Vielleicht ist er doch für sich selber in den Ofen gegangen. Ab.
Schweigen.
Schorn Du wirst nicht mit den Zähnen mauern, Balke.
Balke Mit Karras kann ich nicht arbeiten.
Schorn Wer hat mich gefragt, ob ich mit dir arbeiten kann?

XV Fabriktor. / Morgen. / Karras kommt, hinter ihm Balke.

Balke **Ich brauch dich, Karras. Ich frag dich nicht aus Freundschaft. Du mußt mir helfen.**
Karras bleibt stehen **Ich dachte, du willst den Sozialismus allein machen. Wann fangen wir an?**
Balke **Am besten gleich. Wir haben nicht viel Zeit.**
Sie gehn durch das Fabriktor.
Nach ihnen kommt Kolbe.

/ **Die Umsiedlerin** oder **Das Leben auf dem Lande** /

Niet   Wer aus dem Wasser bleibt der nicht ertrinkt.
Flint Bückling ist tot, liegt auf dem Mist und stinkt.

I Feld / Ein Bauer mit Handwagen, darauf Grenzsteine. Ein Bauer mit Transparent JUNKERLAND IN BAUERNHAND. Ein Bauer mit roter Fahne, Beutler mit Papier. / Ein Akkordeonspieler. / Musik.

Beutler **Mach die Musik aus. / In Durchführung der Verordnung, die Enteignung / Von Junker- und Großgrundbesitz betreffend / Der mit dem heutigen Datum abgeführt wird / In Bauernhand –**
Bauer mit Transparent **Red schneller, Bürgermeister.**
Beutler **Eins nach dem andern. Vor dem Leib die Predigt.** Zum Bauern mit der Fahne **Bück dich.** Den Bauern als Schreibtisch benutzend **Fünf Hektar Bodenanteil hiermit / An Kaffka, Erwin, Gutsarbeiter vorher / Personen acht.**
Bauer mit Transparent **Der steckt in meiner Haut.**

Und der erste Tag, daß ihm sein Fell paßt,
ist heute. Den Spaß mit der Frau zähl ich
nicht, eine Frau ist ein halber Spaß zum
Preis von acht Kindern. Das Freibier am
Wahltag zähl ich auch nicht: kurz war der
Aufschwung, vier Jahre lang der Kater,
Blut gab ich für Bier im Krieg, den ich
gewählt hab. Meine Haut ist international. Prügel in Deutschland, in Frankreich
Läuse und in Rußland Frost. Durch zwei
Kriege hab ich sie getragen, sie wurde
nicht dünner dabei, aber dicker. Drei
Löcher zuviel hat sie davon: sie war nicht
dick genug. Reich bin ich vom dritten:
der Dank des Vaterlandes, ein Silberknie.
Der Lebensabend ist gesichert: wenn Not
am Mann ist, wird ein Knie versetzt.
Oder die Erben lassen sich Löffel draus
machen nach mir.
Ich sags wies ist: bis dato wär ich gern /
Aus meiner Haut gefahren in eine bessre. /
In jeder Bibelstunde hab ich dem / Er zeigt
mit dem Daumen nach oben / **Im Ohr**
gelegen um ein feinres Startloch / Oder
daß meine Mutter mich zurücknähm. /
Aber es ist schon so: aus seiner Schale /

Hat keiner einen andern Ausgang als / Nach unten, wo der Wurm den Menschen schält / Und mit der Nabelschnur wird dir von Anfang / Der Rückmarsch in die Mutter abgeschnitten. / Und heute sag ich, gut ists, daß es so ist / Und meine Mutter war der richtige Eingang.

Beutler Kürz deine Sprüche, Kaffka. Du hältst die Bodenreform auf.

Kaffka Verbindst du mir das Maul, dem Ochsen, der dich gewählt hat, Bürgermeister, Gutsmelker vorher? Seit Olim hab ich keine Lippe riskiert aus Angst um den Kragen, jetzt red ich bis mir die Schnauze schäumt, nämlich mir ist eine neue Zeit angebrochen zieht eine große Taschenuhr vor einer Minute.

Beutler Bist du jetzt fertig?

Kaffka Ja. Er wirft das Transparent weg und schleppt einen Grenzstein auf sein Feld.

Beutler Der nächste. In Durchführung und so weiter. Der Bauer mit der Fahne verwandelt sich wieder in einen Schreibtisch.

Fünf Hektar Bodenanteil wie gehabt – / An Rapp, Franz, Umsiedler, Personenstand / Vierköpfig.

Bauer   mit Fahne, noch gebückt
Hier. Und der fünfte steckt schon in der Mutter / Wächst um die Wette mit der Saat, wie stehts / Mit Saatgut überhaupt, aus nichts kommt nichts. / Vor meinem ersten Halm schießt er heraus / Und kräht nach seinem Fünftel von der Ernte. / Was sag ich ihm? Kehrt marsch, die Bodenreform / Hat dich nicht vorgesehn, für dich kein Halm?

Beutler   **Dein Kind soll füttern wers gemacht hat. Hat dir / Die Bodenkommission die Frau gepflügt?**

Bauer   mit Fahne **Der Russe.**

Beutler   **Dann halts Maul und räsonier nicht. Er hat dir eine Bodenreform gemacht dazu.**

Bauer   mit Fahne **Ich mach mir meine Kinder lieber selber. /Das Feld geht vor der Frau. Was wird mit Saatgut?** Auftritt Flint mit Fahrrad. Er trägt das Transparent.

Flint   **Ich komm vom Kreis. Saatgut kommt hinter mir.**

Bauer   mit Fahne **Wann kommen Pferde?**

Flint   **Wie der Satan bin ich / Gefahrn, daß ich zur Bodenreform zurechtkomm / Auf die das Volk gewartet hat seit Münzer.**

Bauer *mit Fahne* **Nichts gegen die Musik. Wann kommen Pferde?**

Beutler **Musik.**
Musik.

Flint **Gibt dein Klavier kein neues Lied her?**

Akkordeonspieler **Ich kann kein neues Lied.**

Flint **Ich brings dir bei.** Er stellt sich hinter den Akkordeonspieler und führt ihm die Hände.

Bauer *mit Fahne* **Nichts gegen die Bodenreform. Wann kommen Pferde?**

Beutler **Was willst du, Deutschland hat den Krieg verlorn.**

Flint **Ihr habt den Krieg gewonnen. Merkt ihrs noch nicht? / Ein Jahr, dann fährst du deinen eignen Traktor / Du auch, und habt vergessen, was ein Pferd ist.**

Bauer *mit Fahne* **Bis dahin lieg ich selber unterm Pflug. Fünf Hektar nährn mich nicht und meinen Nachwuchs.**

Flint **So nährn sie einen andern.**
Zu Beutler **Streich ihn aus.** Beutler tut es.

Bauer *mit Fahne* **Der Strich geht in den Magen.**

Beutler **Du wirst bedient / Nach Wunsch, Umsiedler.**

Bauer *mit Fahne* **Mein Wunsch heißt fünf Hektar.**

Beutler Die Revolution kennt keinen Aufenthalt.
Und weiter geht die Bodenreform. Der
Nächste.

Bauer mit Fahne nimmt die Mütze ab **Was meiner
Schnauze etwa hier gefehlt hat / Bitt ich die
Herrn ergebenst meinem Bauch / Nicht
anzukreiden, in Erwägung, weil der / Fünf
Mägen hat. Ich werd mich dankbar zeigen.**

Flint brüllt **Behalt die Mütze auf und laß den
Herrn weg.**

Bauer mit Fahne setzt die Mütze auf **Jawohl.**

Flint **Und wenn du wissen willst, wer hier /
Dein Herr ist, kauf dir einen Spiegel.**

Bauer mit Fahne **Jawohl.**

Flint **Und wenn du einen Herrn brauchst
außer dir: / Hinter der Elbe ist der Markt
für Knechte. / Lauf, daß du dich noch vor
der Krise los wirst.**

Bauer mit Fahne **Hierbleiben, wenns erlaubt ist,
wär mir lieber.**

Flint **Gut, ich erlaubs dir, aber mit Bewährung.
/ Was deinen Dank angeht, der ist für
die / Dies nicht mehr brauchen, weil sie
nichts mehr brauchen / Weil sie sich aus-
gegeben haben dafür / Daß du in deinen
Acker deinen Schweiß / Jetzt investiern**

kannst. Nämlich keinen Schritt / Auf eignem Boden gingst du, hätten die / Vorm letzten Gang gescheut wie ihr vorm ersten.

Bauer *mit Fahne* **Ich habs verstanden.**
Er läßt die Fahne fallen und nimmt seinen Grenzstein vom Wagen.
Flint **Heb die Fahne auf.**
Bauer *mit Grenzstein* **Hab ich die Hand frei?**
Akkordeonspieler **Scheiß auf deinen Grenzstein.**
Bauer **Das könnt euch passen.**
Er begibt sich auf sein Feld.
Flint **Wieder ein Kulak mehr.**
Beutler **Musik!**
Die drei ab mit Musik. Flint, allein, hebt die Fahne auf. Auftritt Rammler.
Flint **Willst du dir eine Scheibe abschneiden, Kulak, von der Bodenreform? Sei froh, daß du drei Hektar zu wenig hast für die Enteignung. Arm wie ein Junker wärst du, drei Hektar reicher.**
Rammler **Weiß ich, was ein Kulak ist? Ich bin Deutscher. Deine Hand, Flint. Hast du keine frei? Will dir keiner die Schleppe tragen, daß du sie selber halten mußt schon bei der Siegesfeier, die Reklame auch?**

Flint	Daß ich dir nicht in die Fresse schlagen darf jetzt, Ortsbauernführer, ist ein nationales Unglück.
Rammler	Tu dir keinen Zwang an, ich bin CDU, ich halt die andre Backe auch noch hin aus Parteigeist. Dann kann ich sie beide herzeigen im Demokratischen Block.
	Flint ab. Rammler lacht.
	Zu den Neubauern **Braucht ihr Pferde?**
Kaffka	Nicht von dir.
Rammler	Wollt ihr euch selber vor den Pflug schirrn? / Gesetzt, ihr hättet einen Pflug.
Kaffka	Wir kriegen.
Rapp	Von der Bauernhilfe.
Rammler	Den Gaul?
Rapp	Den Pflug.
Kaffka	Und wenn ichs mit dem Daumen pflüg, s ist meins.
Rammler	Meins! Wenn die Katze aus dem Sack springt, heißt sie Kolchose. Meins.
	Zu Rapp **Ich borg dir einen Gaul / Flüchtling. Du gibst mir eine halbe Ernte. / So gern ich dir helf, umsonst kann ichs nicht machen. / Mir hat der Krieg auch mitgespielt.**
Kaffka	Wärs so.

Rammler   Wir kommen alle aus der Mutter, Kaffka /
Und gehn den gleichen Weg in Gottes Hand
/ Der uns gemodelt hat aus einem Klumpen. / Ein Dreck, wenn er die Faust macht,
sind wir wieder. / Vier Sorten Stiefel im
Gesicht jetzt auch noch / Das halbe Ausland wischt sich an uns ab / Der letzte Jud
kann uns in Scheiben schneiden. / Der
Deutsche muß zusammenhalten, mein ich.

Kaffka   Wir kommen aus verschiednen Müttern,
Rammler / Und wenn mein Hund dich
anpißt, sind wir quitt. / Mein erstes Bett
war deine Ackerfurche / Hoferbe vor dem
ersten Schiß warst du. / Mein Acker ist zu
schad für deine Stiefel / Geh mir vom Feld,
Kulak.

Rammler   Was willst du, Kaffka. Zum / Ausbeuter ist
der Mensch geborn, du auch. / Das wäscht
dir kein Regen ab, das ist Natur / Der
Herrgott hat dich so geschaffen, mach was. /
Vor der Entbindung hast du deine Mutter /
Schon ausgenommen, Parasit und Blutsäufer / Am Nabelschlauch, und ohne
Rücksicht dann / Milch getankt an ihrer
Brust ein Jahr oder länger. Ich / Hätt
auch gern Kommunismus, die Idee /

Ist gut. Wenn nur die Menschen besser wärn. / Der Kommunismus ist was für die Zeitung. / Zu Rapp Ein ganzer Gaul für eine halbe Ernte. / Rammler ab.

Kaffka Ich weiß, wer hier den Dummen macht.
Rapp Ich auch.
Flint. Ein Bauer mit Büchern.
Flint Bücher. Woher?
Bauer Vom Schloß, wo sonst.
Flint Schaff sie zurück.
Bauer Warum? Kein Hahn kräht danach, seit die Herrschaft Ausgang hat, das halbe Dorf kocht seine Wassersuppe und wischt sich den Arsch mit der Schloßbücherei. Warum soll grad ich die Ausnahme machen, acht Mäuler und kein trockner Ast im ganzen Landkreis nach drei Wochen Regen, acht Ärsche und kein Papier? Willst du Bücher lesen, den Magen an den Knien? Ich bin schon spät dran, die dicken sind vorbei. Am besten ist Meinkampf, das kauft in Berlin der Amerikaner. Geht.
Flint ihm in den Weg Schillerundgöthe, wer hat ihm den / Bauch gefüllt? Homer, wer hat ihn erzogen? / Kein Buchstab ohne dich und kein Gedanke. / Dein krummer

Buckel, deine krumme Hand. / Und dir
ists für den Rauch und für den Hintern. /
**Die Bücher sind Gemeindeeigentum. /
Schaff sie zurück aufs Schloß, Kulturhaus
morgen.**

Bauer **Machs selber, Jesus. Ich hab andre Sorgen.**

Er läßt die Bücher fallen und geht ab. Flint hebt
die Bücher auf und geht mit Fahrrad, Fahne,
Schild und Büchern.

Auftreten Hitler mit Eva-Braun-Brüsten, angebissenem Teppich und Benzinkanister, und
Friedrich II. von Preußen, der ihn verfolgt,
zwischen den Beinen seinen Krückstock. Hitler
springt Flint auf den Rücken, Friedrich II. springt
Hitler auf den Rücken. Wiederholte Versuche
Flints, sie abzuschütteln. Bei jedem Versuch fällt
etwas andres oder alles andre mit: das Fahrrad,
die Fahne, das Schild, die Bücher.

II Trüber Morgen. / Verkommene Landarbeiterkate. Davor steht der Neubauer Ketzer und blickt in den Himmel. / Ein Solleintreiber mit einer Aktentasche, Beutler und Treiber treten auf.

Ketzer Wirds regnen heute, Treiber?
Beutler Auf dich. / Der Arbeiter-und-Bauern-Staat, vertreten / Von meiner Wenigkeit und dem Kollegen / Erfasser hier, hat eine Fordrung an dich / Ketzer, betreffend Sollrückstände, die er / Durch Deinen Mangel an Freiwilligkeit / Zwangsweise einzutreiben jetzt gewillt ist. / Desgleichen der Kollege Treiber, Bauer und / Viehhalter hierorts, hat auch eine Fordrung. / Der Staat hat den Vortritt. Nach dir, Kollege.
Erfasser nimmt ein Papier aus der Aktentasche **Das Milchsoll.**
Ketzer **Die Kuh, die der eine nicht hat, kann der andre nicht melken.**
Erfasser **Keine Milch?**
Ketzer **Keine.**
Erfasser nimmt ein andres Papier aus der Aktentasche **Dann ists die Ordnungsstrafe.**
Ketzer **Es heißt, das Pferd füttert die Kuh. Mir hat der Gaul die Kuh gefressen.**

Erfasser **Krepiert?**
Ketzer **Getauscht.**
Erfasser **Wilde Veräußerung von eingetragenem Nutzvieh. / Das verbessert Ihre Lage nicht, mein lieber Schwan!**
Ketzer **Ohne Gaul konnt ich die Kuh nicht halten –**
Beutler **Die Futterfrage.**
Ketzer **Den Gaul, womit sollt ich ihn kaufen als mit der Kuh? Tausend Jahre hat uns der Junker geritten. Kaum ist er abgesessen, sitzt der Kulak auf, dem Kulak der Staat, unsrer, beide unsereinem.**
Erfasser **Ich will das nicht gehört haben, verstehen Sie mich? Aber wenn Sie weiter solche Reden führen vor Zeugen, muß ich sie gehört haben. Also machen Sie keinen Ärger hier, ich tue auch nur meine Pflicht. Ungern, das kann ich Ihnen sagen. Ich mache die Gesetze nicht, ich bade sie aus; immer auf der Achse, drei Stiefelsohlen wöchentlich und ein Fahrradschlauch aus eigener Tasche. Zahlen Sie bar oder Scheck?**
Ketzer kehrt seine Taschen um, sie sind leer **Mein Bankbuch.**

Erfasser   nimmt ein drittes Papier aus der Aktentasche
Dann ists die Pfändung.
Ketzer   **Ich hab noch ein Hemd auf dem Leib. Hier! Was brauch ich ein Hemd.** Zieht das Hemd aus, wirft es dem Erfasser vor. **Und sieben Häute drunter, sechs kannst du mir noch abziehn. Wenn Frost kommt, steck ich meine Kate an, klein, aber mein. Das wärmt. Pfänden willst du? Pflanz dein Siegel auf den Grund und Boden, den ihr mir beschert habt. Der Herr hats gegeben, der Herr hats genommen.** Wirft mit Erdklumpen. **Schmeckt dir die freie Scholle? Stopf die Schindeln nach.** Deckt sein Dach ab, wirft mit den Schindeln. **Was brauch ich ein Dach überm Kopf? Der Regen juckt die Toten.**
Erfasser   flieht **Meine Herren, Sie werden zugeben, daß das zu weit geht. Ich kann nicht als Schießscheibe arbeiten auch noch, mit meinem Gehalt, das schon kümmerlich ist.** Zu Ketzer **Das hat Folgen.** Ab.
Beutler lacht
Treiber   **Das war der. Jetzt ich. / Dein Feld hat keine Furche, die mein Gaul nicht / Gezogen hat. Du wolltest ihn abarbeiten /**

Mit Rübenhacken. Als die Rüben reif
warn / Hast du mich ausgeschmiert mit
Rheuma. Ich / Hab selber keinen graden
Knochen mehr / Reis ich drauf? Saatkartoffeln hast du dann / Mir abgeflennt
im vorigen Frühjahr mit / Im-Herbst-
hast-du-sie-wieder. Ich habs schriftlich. /
Und bald ist wieder Herbst, und ich wart
noch drauf. / Jetzt kann ich nicht mehr
warten, Ketzer. Ich / Hab mehr als du,
aber daß ich was wegschenk / An dich aus
freien Stücken, so viel auch nicht / Und
die Erfassung im Genick wie jeder. / Mir
greift, wenn ich meins nicht zusammen-
halt / Dein Staat nicht unter die Arme,
also, wenn du / Nicht auf dem Fleck mir
die Kartoffeln zahlst / Mit Kartoffeln und
mit Geld den Leihgaul / Helf ich mir selber, und dein Gaul geht mit.

Ketzer   Wenn du ein Jahr gewartet hast –
Treiber   **Zwei Jahr.**
Ketzer   Die Woche kannst du auch noch warten,
         Treiber.
Treiber   **Sagst du mir, was ich kann?**
Ketzer   Beutler, sag dus ihm.
Beutler   zu Ketzer **Wo einer recht hat, hat er recht.**

Ketzer Beutler / Du warst nicht immer Bürgermeister. Weißt du / Die Zeit noch? Melker warn wir, Kumpels, keiner / Mehr als der andre, einer für den andern. / Ein Herz und eine Kehle warn wir, Beutler / Den letzten Tropfen haben wir geteilt noch / Vier Jahr lang und die Arbeit auch geteilt / Im Gutsstall. Manche Kuh hab ich gestrichen / An deiner Stelle, wenn du fett warst. Du / An meiner Stelle auch, wenn ich fett war. / Und jetzt ists nicht gewesen und mich melkst du.

Beutler Das Bier von gestern ist das Bier von gestern. / Den Regen schwitzt das Feld aus in der Sonne. / Ich hab ein Amt jetzt, Junge. Das bringt Pflichten. / Als Bürgermeister muß ich allen gleich / Gerecht sein. Meine traurige Pflicht ist, daß ich / Dem gegen dich zu seinem Recht verhelf jetzt.

Ketzer Der Gaul ist mein letztes. Wenn ihr den mir / Wegnehmt, ists der Strick.

Beutler Wart auf die Trecker / Die euch der Staat versprochen hat.

Ketzer Versprochen. / Glaubst du dran? Ich glaub nichts mehr.

Beutler Dann ists der Strick. Ab.

Ketzer He, laß mein Pferd los, Treiber, oder du kennst mich nicht mehr. Da Treiber nicht losläßt Das weiß ich: du kommst auch noch untern Hammer. / Der über uns mahlt langsam, aber Feinmehl.
Zum Pferd
Das ist der Abschied, Brauner. Wärst du lahm! / Wenig Gewinn hab ich aus dir gezogen / Zugkraft. Beschissen bin ich heut und morgen / Wenn du mir abgeführt wirst, Haferfresser / Mit meinen letzten Kröten unterm Huf / Du Hund. Wenn du Charakter hast, keil aus, Gaul. / Das Vieh denkt nur an Fressen. Das ist der Undank. / Der Hafer reut mich. Verrecken soll er dir. / Da!
Er zieht ein Messer, sticht das Pferd ab.

Treiber Das warst du. Neubauern. Kein Verstand / Für die Wirtschaft und kein Herz fürs Vieh. Ab.

Ketzer ruft ihm nach
He, Treiber! Dein toter Gaul will reiten. Bück dich. / Soll ich dein Eigentum zum Schinder schleppen? / Sack ein, was dir gehört. Ein Sack voll Knochen. / Spann

den Kadaver vor den Pflug, Aas düngt.
Allein
**Die Hauptsache am Bauern ist das Vieh /
Er ist kein Mensch ohne, er kann sich
kopfstelln / Sein Feld sein Grab, mit seinen Knochen düngt ers / Und vor der
Ernte erntet sein Feld ihn / Er feiert Kirmes zwischen den sechs Brettern. / Ein
Vieh macht keinen Bauern ohne Knecht /
Die Kuh melkt ihn, der Gaul legt ihm
den Zaum an / Der Staat macht ihn zur
Sau und stopft ihn pfundweis / Dem Volk
ins Maul, durch tausend Mägen geht er /
Der Dümmste kann ihn in die Pfanne
schlagen / Greift zu, es ist mein Leib, wies
in der Schrift heißt.**
Er wirft das Messer weg und zieht einen Strick
aus der Tasche. **Halt aus, Strick, Kumpel.
Meinem Alten hast du / Aus der Not
geholfen, seinem Alten vorher. / Nummer drei bin ich, drei Mann an einem
Strick. / Du bist der Dietrich, der das
letzte Loch / Aufschließt für sieben Groschen, die Himmelsleiter. / Ein Sprung
ins Schwarze und ich kann der Welt /
Die Zunge zeigen, wenn der Haken hält.**

Ab. Die Schlinge um den Hals, den Strick nachschleifend. Zwei Bauern laufen über die Bühne.

Erster **Trecker kommen, Ketzer.** Tritt in die Kate. **Der ist schon kalt.**

Zweiter holt das Messer **Schad um den Gaul.**

III Küche / Beutlern. / Beutler. / Siegfried.

Siegfried **Trecker kommen, Bürgermeister.**
Beutler **Mein Dienst ist um. Der Bürgermeister kann mich.**
Siegfried **Das will ich sehn.**
Siegfried ab, Beutler läßt sich von seiner Frau die Stiefel ausziehn, die Frau fällt mit den Stiefeln um. Auftritt Niet, die Umsiedlerin.
Niet **Frau Bürgermeister, ist der Herd frei?**
Beutler **Nein.**
Niet ab.
Beutler **Das Gesetzblatt.** Beutler macht aus dem Gesetzblatt eine Fliegenklatsche und jagt Fliegen. Auftritt Rammler.
Ein Fliegenjahr. Verschwind, Frau. Politik.
Beutlern ab.
Rammler **Dein Speck.**
Beutler **Warst du beim Landrat?**
Rammler **Ja.**
Beutler **Und bringst / Den Speck zurück? Er hat ihn nicht genommen? Wars ihm zu wenig?**
Rammler **Er sieht nicht so aus / Als ob er einen Speck von mir geschenkt nimmt.**

Beutler Der Fleischwolf, der den ganzen Landkreis ausnimmt / Mit sieben Kindern, jedes Jahr ein Wurf?

Rammler Ich red vom neuen Landrat. Deiner sitzt.

Beutler Du hast ihm doch den Speck nicht offeriert / Etwa? Hat er gefragt, warum du kommst? / Was hast du ihm gesagt warum?

Rammler Ich will mich / Beschwern, hab ich gesagt. Der Bürgermeister / Ist mir zu links, hab ich gesagt, und daß du / Die Bündnispolitik mit Füßen trittst hier. / Ich hab ihm was erzählt von Repressalien / Altbauernschinden und Neubauernvorziehn.

Beutler So? Das war gut. Und er?

Rammler Er hat gelacht.

Beutler Und dann?

Rammler Dann hab ich mich beschwert, weil er / Gelacht hat.

Beutler Und?

Rammler Dann hat er mir versprochen / Er wird dir ins Gewissen reden, daß du / Die Bündnispolitik nicht übers Knie brichst / Obzwar in guter Absicht, in der Hitze / Vom Klassenkampf, der einmal sein muß.

Beutler Und?

Rammler Ich hab darauf bestanden, daß du fliegst.

Beutler Das geht zu weit. Du mußt auch wissen, wo / Der Spaß aufhört. Was weiter?
Rammler Weiter nichts. / Er muß zur Sitzung, sagte er und hat mir / Die Tür gezeigt, und auf dem Flur noch hab ich / Ihn lachen hörn.
Beutler Gut.
Rammler Ich finds nicht gut. / Ich saug mir ein Lamento aus den Fingern / Ich plag mich ab, daß ichs im Brustton vorbring / Er schluckt es, meine Arie schmeckt ihm, und / Er lacht mir ins Gesicht, der Bolschewik. / Ein Kerl, der keine eignen Hosen hatte / Als mir ein Grundbesitz beinah gehört hat / In der Ukraine, größer als sein Landkreis. / Ich bin dem Staat vielleicht ein bessrer Bürger / Als mancher, der ihm auf der Tasche liegt / Der erste Staat ists auch nicht, dem ichs bin / Ich kann verlangen, daß der Schein gewahrt wird. Beutler lacht. Auftritt, den Hut im Gesicht, ein politischer Flüchtling.
Flüchtling Ich bin auf der Durchreise. Im Amt bis gestern, von unten geschmiert, von oben traktiert, hoch im Kurs bei der Bevölkerung, mein Bauch ist der Beweis, mit der Regierung auch auf Du, der Schrecken

der Vorzimmer im Kreismaßstab, politischer Flüchtling heute. Sie kämmen die Dörfer ab, vornweg der Kreisparteimensch, SED auf Zündapp, jeden nackten Hintern fragt er, warum er keine Hose hat, der neue Landrat hinterher im alten Opel und erntet, was die Partei ihm gesät hat, setzt ab und setzt ein. Hinter mir ist Polizei her auch noch. Einer hat Feuer gelegt an den Maschinenschuppen, Trecker drin. Mir hängen sie Beihilfe an, weils mit gemeindeeigenem Bezin war. Woher sollt ers nehmen, alles rationiert. Du mußt mir an die Elbe helfen, Beutler, es kann im Jauchkübel sein, aber Tempo, ich hab keine Lust auf Bergwerk oder Bautzen.

Beutler Ich auch nicht, also warum soll ich dir helfen?

Flüchtling Kann sein, du hilfst dir selber, wenn du mir hilfst. / Kollegen warn wir, Bürgermeister beide. / Kollegen sind wir wieder morgen, wenn du / Das Klima wechseln mußt wie heute ich.

Beutler Kann sein, ich helf mir, wenn ich dich jetzt anzeig.

Pause

> Daß du dein Dorf im Stich läßt, laß ich durchgehn. / Die sehn dich auch von hinten lieber als / Von vorn, am liebsten hinter Gittern, ich kenn dich. / Aber was ist mit der Gemeindekasse? / Hast du die etwa auch im Stich gelassen? / Dann kommst du nicht weit.

Flüchtling Ich bin ehrlich. Leider.
Beutler Dann ists das Bergwerk.
Flüchtling Die Kasse war auch leer.

Beutler macht die Tür auf.

> Viel war nicht drin.

Beutler macht die Tür zu.

Beutler Wieviel?
Rammler Was wirst du kriegen / Für den Maschinenschuppen, Trecker drin?
Flüchtling Was werd ich kriegen. Wenn ich Glück hab, zwanzig.
Rammler Was sind dir zwanzig Jahre wert, in Freiheit?
Flüchtling Hab ich zwanzig gesagt? Das war gelogen. / Wenns schlimm kommt, zehn, und beim Volksrichter komm ich / mit der Hälfte weg. Gefährlich sind die alten: / Angstbeißer. Fünf Jahr, denk ich, wär das höchste. / Vom Schuppen steht noch

eine Wand, die Trecker / Sind heil geblieben. Also drei, wenns schlimm kommt.

Rammler Vielleicht kommst du mit einem Orden weg / Und wenn ich meine Gäule elbwärts abjag / Für deine Freiheit, jag ich sie für nichts ab.

Der Flüchtling zahlt, Rammler steckt ein.

Fünf Finger hat die Hand.

Der Flüchtling zahlt, Rammler steckt ein.

Ich habe zwei Hände.

Der Flüchtling zahlt, Rammler steckt ein.

Das Futter für den Gaul.

Der Flüchtling zahlt usw.

Der Gaul ist satt. / Wo bleibt die Miete fürs Quartier? Denkst du / Der Platz in meiner Jauche ist umsonst? / Kann sein, es kostet mich die halbe Ernte / Flüchtling, daß ich dich drin wohnen laß. Kann sein / Die Rüben machen kehrt und wachsen rückwärts / Weil du mir meine Jauche infiziert hast / Mit Politik. Politik verdirbt den Acker.

Beutler **Und den Charakter. Daß ich euch nicht anzeig.**

Er hält dem Flüchtling eine, Rammler die andre Hand hin. Beide zahlen.

Rammler	Wie lange warst du Bürgermeister, Flüchtling?
Flüchtling	Vier Jahr, und ihr habt meine Ernte.
Rammler	Dann / Ists immer noch das Bergwerk.
Beutler	Ja, Glück auf. Flüchtling leert seine Taschen aus Jetzt habt ihr alles, was ich hab.
Rammler	S ist wenig. / Ich hol aus meiner letzten Milchkuh in / Vier Wochen viermal mehr heraus als du / Aus deinem ganzen Kuhdorf in vier Jahren / Herausgemolken hast. Und so was macht / Der Staat zum Bürgermeister! Dümmer als / Die Polizei! So was gehört nach Bautzen. Gib her, ich borg dir ein Fahrrad ohne Bereifung. Wenn Du nicht auf den Felgen fahrn willst, zieh den Mantel aus. Ich glaub, er paßt mir. Dir wird warm genug sein, die Justiz im Nacken.
Flüchtling	nimmt sein Gebiß aus dem Mund Wollt ihr die Uhr noch? Mein Gebiß? Zu kaun / Hab ich ja so nichts drüben, ganz habt ihr / Mich ausgeschlachtet. Hungern kann ich zahnlos.
Beutler	Behalts, aber die Uhr laß da und ab, eh die Justiz kommt!

Schritte.

Rammler **Da kommt sie schon.**
 Der Flüchtling taucht unter den Tisch. Auftritt
 Treiber, Fleisch im Arm.
Treiber **Was habt ihr unterm Tisch?**
Rammler **Ein großes Tier, Bürgermeister bis gestern.**
Treiber stößt den Bürgermeister mit dem Stiefel an
 **Kannst du melken, Bürgermeister? Ich
 brauch einen Stallknecht.**
 Der Flüchtling taucht auf.
Beutler **Er muß weg.**
Treiber **Feuer unterm Hintern?**
Rammler **Großfeuer.**
Treiber **Ich brauch einen Schlachtschein.**
 Er legt das Fleisch auf den Tisch.
Beutler **Mein Risiko wächst mit jedem Abstich,
 aber / Mein Anteil hat die Schwindsucht.
 Keinen Schlachtschein.**
Treiber nimmt das Fleisch weg
 Kein Schein kein Fleisch.
Beutler **Kein Fleisch kein Schein.**
Treiber legt das Fleisch wieder auf den Tisch
 **Vielleicht tret ich dir gleich die ganze
 Sau ab / Von Kopf bis Schinken und mir
 bleibt der Schwanz.**
Beutler **Unser Quartier ist ein Loch, wenns ans
 Licht kommt. / Dir bleibt der Hof, ich**

	werd den Posten los. / Und ich verlang noch nicht die Hälfte.
Rammler	Weil sich / Ein Landrat überfressen hat, solln wir / Den Gürtel enger schnalln? Wenn dir der neue / Bauchschmerzen macht: eh dem ein Auge aufgeht / Hinter der Brille, die ich ihm verpaßt hab / Hat schon die zehnte Sau den Darm passiert / Deinen und unsern. Und wer sagt hier was / Von Schlachten? Diebstahl wars. Wer klaut heut nicht? / Hunger kennt kein Gebot, am wenigsten / Das sechste.
Beutler	Stimmt. Die Hälfte. Oder kein / Papier. Ein ganzer Schein, ein halbes Schwein.
Treiber	Ketzer ist tot.
Beutler	Das Herz?
Treiber	Der Hals.
Beutler	Du hast ihm / Den Strick gedreht, Kalmück.
Flüchtling	Es heißt Kulak.
Treiber	Hab ich ihm die Erfassung auf den Hals / Geschickt als Bürgermeister?
Flüchtling	Neubauer?
Rammler	Ja.
Flüchtling	Ich kenn da einen Fall: ein Bürgermeister / Der über Leichen ging. Er kam bis Bautzen. /

Sie warn nicht groß genug. Das war sein Fehler. / Die kleinste Leiche macht den größten Stunk hier. / Kommst du gleich mit?

Beutler Wie groß bist du? Kann sein / Der Tote macht mir einen Fleck aufs Vorhemd / Ich brauch ein Fleckenwasser, und kann sein / Wenn ich dich liquidieren laß, hab ich eins. / S ist dialektisch: eins und eins macht null.
Zu Treiber
Kulak, ich mach dir nicht den Leichenwäscher. / Da ist die Tür und nimm dein Fleisch mit. Weißt euch / Die Schweine selber, die ihr abstecht schwarz. / Von mir kein Gramm.
Zu Rammler **Du auch nicht.**
Ruft **Das Gesetzblatt.**
Beutlern bringt das Gesetzblatt.

Treiber **Regierst du nach der Schnur? Bist du dran hängst.** Ab.

Rammler **Nichts gegen dein Gesetzblatt** Zieht ein Buch aus der Tasche. **Kennst du das?**

Flüchtling **Der Kurze Lehrgang.**

Rammler **Lang genug. GESCHICHTEDERKAPEDEESUINKLAMMERNB.** Zu Beutler
Kennst du die Stelle mit dem alten Grie-

chen / Und wie er in der Luft zerrissen wird / Weil die Verbindung mit der Masse abreißt?

Flüchtling Ich kenn sie. Ich kenn alle Stellen.
Rammler Sag die.
Flüchtling tut es, unverständlich.
Rammler Das war zu schnell. Sags langsam.
Flüchtling wie oben
Rammler Langsam, sag ich.
Flüchtling wie oben
Rammler Nennst du das langsam?
Flüchtling Anders kann ichs nicht.
Rammler Mit dir geht ein Talent über die Elbe. / Antäus. Seine Mutter war, so heißts / Im Märchen, und ein Märchen ists, der Globus / Und keiner konnt ihm an den Wagen fahrn / Solang er mit der Mutter im Konnex war. / Dann kam Herr Kules, nahm ihn bei der Gurgel / Und hielt ihn in der Luft, bis die ihm ausging. / Und was die Erde in den Märchenbüchern / Das ist die Masse in der Politik. / Drum halt dich an die Masse, Beutler. Ein / Melkschemel war dein Amtssitz. Weißt dus noch? / Leicht wird ers wieder, wenn das Volk dich falln läßt. / Der Mensch

	muß wissen, wo er hingehört. / Wer hat dir in den Bürgermeisterstuhl / Geholfen, Melker, aus dem Kuhstall?
Beutler	Ihr. / Und wie ich oben bleib, weiß ich. Hast du / Dem Landrat nicht erzählt, der Bürgermeister / Ist dir zu links? Es war ne Lüge, denkst du. / Ich muß es wissen, und ich sag, s war keine.

Steht auf.

Auf Wiedersehn, Kulak, im Kommunismus.

Zum Flüchtling

Brandstifter, heb den Fuß von meiner Schwelle! / Eh du die Elbe siehst, wird dich mit Macht / Der Wunsch befalln, du hättest deine Mutter / Von außen nie gesehn: ich zeig dich an.

Rammler und politischer Flüchtling ab.

Die Stiefel! Laß den Flüchtling an den Herd. / Schneid Speck. Vom Landrat. Mehr. Den Schlips. / Den roten.

Beutlern bringt die Stiefel, schneidet Speck, bringt den falschen Schlips, dann den roten.

Beutlern	**Sie können Ihre Suppe kochen.**
Beutler	nimmt den Speck auf **Mehr.**

Beutlern schneidet mehr. Auftritt Niet, stellt einen Topf auf den Herd.

	Speck, junge Frau, für Sie. Keiner soll hungern. Niet ab.
Beutlern	Warum kriechst du dem Flüchtling in den Hintern?
Beutler	Weil ich den Staat bescheißen muß. Die Nelke. / Der Fortschritt sitzt mir auf den Fersen. Ein / Stolpern jetzt und im Stallgang lieg ich wieder / Abtritt für Rindvieh und Kulak. Die Hand / Ist weich geworden, Macht macht weiche Hände.

Betrachtet seinen Daumen.

Den Melkerdaumen nehm ich mit ins
Grab / Den Krüppel. Und mir selber wenn
ich fehlgreif / Passierts vielleicht, daß
ich dem Kommunismus / Den Melkerdaumen machen muß. Der bloße / Gedanke
macht nen Kommunisten aus mir / Rot
wie die Sünde in der Heiligen Schrift. /
Und besser sitzt sichs unterm Euter noch /
Als überm Blechnapf, sagen die Experten /
Ein Kurort ist der Stall gegen den Schacht. /
Der Bauch steht auf dem Spiel. Studier
die Regeln / Schädel. Nach jedem Wind
aus Osten häng / Den Überzieher. Auf
dem Dienstweg kriech / In jeden Hintern,
der dir vorgesetzt wird. / Steig aus, eh er

auf Grundeis geht. Und wenn du / Noch einen Fußtritt landen kannst, land ihn. / Bedenk: du brauchst ein Sprungbrett in den nächsten. / Wenn dir die Leitung einheizt, pack dir Kohlen / Reichlich aufs Schädeldach. Das Feuer wird / Zu Wasser eh du eine Blase ziehst. / S ist gegen die Natur, doch dialektisch. / Als neuer Adam steigst du aus der Taufe / Und füllst die Backen an der alten Raufe.
Ab.

Beutlern Wer ihr den Bauch gemacht hat, möcht ich wissen.

IV Kammer / Niet. / Fondrak.

Niet Fondrak, mir paßt kein Kleid mehr, wie lang soll ich / Spießruten laufen? Unterm Schlehstrauch nachts / War ich dir gut genug fürs Leben, schön auch / Mit Kirschenmund und Brust wie eine Gräfin.

Fondrak Das war bei Vollmond, jetzt bin ich erwerbslos. / Die Brust ist auch nicht, was sie war, wirds auch / Nicht wieder, hier, wo die Bonzen uns das Fleisch / Wegschnappen, und jetzt wächst dir noch ein Fresser.
Nimmt ihr den Speck aus der Hand und ißt ihn auf.
Schaumgummi, wenn der Busen nachläßt, gibts beim Amerikaner. In der Illustrierten stehts drin, die der junge Senkpiel mitgebracht hat vom Ferkelschieben aus Berlin. Hol Bier.

V Dorfstraße. / Heinz, im Blauhemd, bringt ein Wegschild an: MAS. / Auftritt der Sollerfasser, Aktentasche unterm Arm, großes Loch in der Hose.

Erfasser Staub geschluckt und Spinnweben gefressen auf der Tenne, durch Sauställe gewatet, Mist bis an die Socken, auf beschissenen Hühnersteigen herumgeturnt, den Eiern nach, dem Fleisch und dem Getreide, die der Kollege Bauer nicht abliefern will, der filzige Bundesgenosse. Lieber sitz ich mich krumm am Schreibtisch.
Wir machen eine Bodenreform, Land kriegt / Was in den Furchen kroch, der Knecht wird Bauer. / Wir sagen ihm: pflügs, hol heraus, was drin steckt / Wir brauchen Lebensmittel für den Aufbau. / Was macht er? Reißt sichs untern Nagel, füllt sich / Scheißt auf die Sollverordnung, schiebt und läßt / Den Hund los auf die Staatsmacht. Hier, mein Anzug / Im Koffer durch den Krieg gerettet, Kammgarn. / Bloß weil ich ihm ein Ferkel aus dem Stall zieh! / Hängt mit dem Fleischsoll und im Stall zwei Ferkel! / Wo hat er seins

denn her, wer hat gesagt: / Hand auf, hier hast du: Grund und Boden, Vieh / Kredit und Saatgut, alles? Wir, sein Staat.
Und er macht den Hund los. Dreckbauern. Eine Schußwaffe werde ich beantragen zur Selbstverteidigung. Oder ich schule um und geh in die Kultur. Zieht eine Wurst aus der Tasche, ißt. **Der Bauer kultiviert den Boden, wir kultivieren den Bauern. Das ist die Kulturrevolution. Ich pflüge Hirne, wie der Dichter sagt. Vielleicht werde ich den Kulturpalast übernehmen hier.**

Heinz **Von mir aus, aber wir haben keinen Kulturpalast.**

Erfasser **Jedes Dorf wird einen Kulturpalast haben.**
Fressend ab.
Auftritt Henne.

Heinz **Trecker kommen.**
Henne besieht das Schild **Nicht zu früh.**
Heinz **Vor acht Tagen hat der Pastor um die Befreiung gepredigt, heute sind die Trecker da, was willst du.**
Auftritt Senkpiel, besieht das Schild, wartet.
Senkpiel **Wieviel?**
Heinz **Zwei Stück**

Auftritt ein junger Bauer, besieht das Schild, wartet, dann ebenso ein alter.

Alter Bauer Zwei Trecker sind ein Dreck auf zwanzig Bauern.

Henne Auf neunzehn. Ketzer hat sich aufgehängt.

Auftritt Flint mit Fahrrad.

Flint Komm ich zu spät?

Senkpiel Du nicht.

Flint Mir ist schon angst, daß ich den Kommunismus verpaß durch Parteiarbeit. / Den Klassenkampf ankurbeln in drei Dörfern / Mit einem Fahrrad und ohne Waffenschein / Dazu die Wirtschaft auf dem Hals – Was ist? / Trauert ihr dem Leihgaul nach? / Soll ich Kränze bestelln?

Senkpiel Einen.

Henne Für Ketzer.

Flint Ketzer ist gestorben?

Henne Ja.

Senkpiel Am Strick.

Henne Weil ihm der Gaul krepiert ist, Treiber / Hat ihm den pfänden wolln für Schulden, darum.

Flint Das ist ungesetzlich.

Senkpiel Sagte die Sau nach der Schwarzschlachtung.

Heinz	Das hörte die Volkspolizei, holte den Bauern ab und wenn er nicht gestorben ist, sitzt er noch.
Junger Bauer	Und woran ist der Gaul krepiert?
Henne	Am Messer. / Er hat ihn abgestochen.
Junger Bauer	Ketzer?
Henne	Ja.
Alter Bauer	Die einzige Milchkuh hat er weggegeben / Für einen Gaul. Der Gaul jetzt hin für nichts / Und keine Aussicht mehr auf Sollerfüllung. / Am Haken hing er, der für Zaumzeug war.
Flint	Hat er nicht warten können? Pferd weg Strick her / War alles, was ihm in den Kopf ging? Ihr / Habt auch nicht mehr gewußt? Wenn der Kulak mich / Einseift, seif ich den Strick. Der beste Staat / Ist machtlos auf die Länge, wenn das Volk / Sich hinter seinem Rücken aufhängt und / Die Hände hochnimmt vor der Reaktion / Die er schon unterm Fuß hat, aus Gewohnheit. / Was glotzt ihr? Das Er zeigt auf sein Parteiabzeichen Ist ein Stück Blech, wenn drunter / Kein Herz schlägt, das mit andern gleichen Takt hält. / Wars mein Privatspaß, als Braun Trumpf war,

Alter Bauer	daß ich / Den Schädel unters Beil gehalten hab? / Hats mir mehr eingebracht?

Alter Bauer Der Solleintreiber / Hat ihm auch zugesetzt.

Flint Setzt er mir nicht zu? / Und ich verlangs von ihm, daß er mir zusetzt. Schweigen. Er hat gewußt, daß wir die Trecker kriegen.

Alter Bauer Daß es versprochen war, nicht daß wir kriegen.

Flint *brüllt* Tanks habt ihr losgeschickt, Traktoren kriegt ihr.

Auftreten Rammler und Treiber.

Rammler Mich hat er neunzehnhundertfünfundvierzig / Von meinem besten Gaul befreit, der Russe.

Flint Bedank dich, daß du deinen Kopf noch aufhast.

Rammler Wann kommst du meine Rüben hacken, Henne?

Henne will die Mütze ziehn.

Flint Behalt die Mütze auf, du hast Traktoren.

Henne gehorcht.

Treiber Drei Stück sind nach Granzow gekommen, Russentrecker. Der erste liegt schon auf der Schnauze, ein Ersatzteil fehlt. Der

	Traktorist pflügt die Kneipe, drillt den Wirt und tankt Bier.
Heinz	Geht aus dem Weg eh wir euch unterpflügen.
Rammler	Bis eure Trecker auf der Schnauze liegen.
	Rammler und Treiber ab. Ein Volkspolizist fährt auf die Bühne.
Heinz	Hinter wem bist du her?
Polizist	hält **Ein Bürgermeister. Habt ihr ihn gesehn?**
Heinz	Zu lange. Rauch eine Zigarette mit mir, Genosse. Gibt ihm eine Zigarette. Du gibst mir meinen Glauben an die Volksmacht wieder. Traktoren kriegen wir und der Bürgermeister wird verhaftet. Wenn das kein Feiertag ist!
Polizist	raucht **Er soll hier durchgekommen sein, aus Germe, auf einem Fahrrad ohne Bereifung. Euer Bürgermeister hat es angezeigt.**
Heinz	Beutler?
Polizist	Ja.
Flint	Mit der Gemeindekasse?
Polizist	Wer?
Flint	Dein Kunde.

Polizist **Ja.**
Heinz **Dann kontrollier gleich, ob unsrer ein Fahrrad zuwenig im Schuppen hat und in der Hose einen Hunderter zuviel.**
Polizist **Ich hab keinen Hausdurchsuchungsbefehl.**
Heinz **Immer der Papierkrieg.**
Polizist **Ihr könnt ihn anzeigen. Wenns stimmt, wars Wachsamkeit und ihr kriegt eine Belobigung, stimmts nicht, ist es Verleumdung und strafbar.** Ab.
Heinz **Da fährt er, mit meiner letzten Aktiven hinter dem Falschen her.**
Flint **Ein Lump weniger ist ein Lump weniger.**
Heinz schlägt mit dem Hammer auf das Wegeschild **Einer nach dem andern.** Auftreten von verschiedenen Seiten Siegfried und die Schmulka.
Siegfried **Trecker kommen, Schmulka.**
Heinz **Traktoristen auch.**
Flint **Hast du die Fahne aufgezogen?**
Siegfried **Ja.**
Flint **Die alte Scheune / Wird MAS. Wo die Gendarmen auf uns / Herumgedroschen haben unter Brüning / Die halbe Nacht durch für das rote Inlett / Das wir am Schloßtor aufgezogen hatten / Stehn die Traktoren aus dem roten Rußland.**

Senkpiel	Zwei Stück.
Flint	Die haben auch so angefangen, mit / Feldern, von Tanks gewalzt, Dörfern zerschossen / Hunger im Bauch, auch der und jener noch beim / Kulaken in der Schraube, bloß im Kopf / Das Licht, von Lenin ihnen aufgesteckt / Und manchem gings auch manchmal wieder aus / Durch Magenleere, und die halbe Welt blies / Die Backen auf dagegen, und ihr wißt / Was draus geworden ist, und so wirds bei uns.
Siegfried	zur Schmulka **Aus Stalingrad.**
Junger Bauer	Ich denk, das steht nicht mehr.
Siegfried	Das steht schon wieder. In der Zeit, wo ihr / Ein Feld pflügt, stelln sie dort ein Kraftwerk hin. / Die Städte schießen aus dem Boden wie / Bei dir das Unkraut, und im Handumdrehn / Ist eine Wüste Wassertank geworden. / Uns nimmt der Himmel in den Doppelnelson / Biegt Mann und Vieh den Nacken bodenwärts / Nach Wasser, wenn er keinen Regen ausspuckt. / Dort kann der Bauer große Bogen spucken.
Henne	In der Kolchose.
Siegfried	Bist du dagegen?
Junger Bauer	Bist du dafür?

Siegfried	**Was sonst.**
Flint	souffliert **Nein.**
Siegfried	**Nein.**
Flint	**Kolchos ist Feindparole.**
	Siegfried sieht ihn empört an.
Flint	leise **Bis auf weitres.**
	Traktorenlärm. Volk. Schmulka winkt.
Siegfried	**Willst du jetzt auch noch in die Stadt, weil wir / Ein Kuhdorf sind, weg von den Treckern, Schmulka? / Die Technik zieht den Kommunismus nach sich / Und das steht fest: im Kommunismus, Schmulka / Ist Stadt und Land egal, kein Unterschied. / Spar dir den Umweg also und bleib gleich hier.**
Schmulka	heftig winkend **Ich weiß nicht, ob ich so lang warten kann.**
Flint	**Der Sozialismus fährt ins Dorf mit vierundzwanzig Pferdestärken, und ihr steht da wie der Kapitalist bei der Maiparade auf dem Roten Platz. / Wenn sie euch schon nichts kosten, keinen Groschen / Wir haben sie bezahlt. Winkt wenigstens.**
	Henne winkt.
Junger Bauer	**Der reißt vier Ochsen um.**
Flint	**Und zehn Kulaken.**

Henne	noch winkend **Und übers Jahr den Feldrain.**
Heinz	**Vielleicht montierst du gleich den Motor aus / Und spannst den Leihgaul vor, weils dir zu schnell geht.**
Eine Alte	**Bei dem Radau soll ein Mensch schlafen.**
Ein Alter	**Im Sozialismus wird nicht mehr geschlafen, Alte.**
	Alle ab, außer Siegfried, der die Schmulka zurückhält.
Siegfried	**Schmulka, warum hast du gewinkt? Ich weiß, warum ich gewinkt hab.**
Schmulka	**Ich auch.**
Siegfried	**Traktoren schickt uns die Sowjetmacht, Schmulka. / Die Ernte auf dem Halm, die Saat im Boden / Den Boden selber haben wir verbrannt. / Vom Weißmeer bis zum Schwarzmeer. Die Sowjetmacht / Drückt beide Augen zu und schickt Traktoren. / Das hat die Welt noch nicht gesehn. Du siehst es / Der Sozialismus fährt an dir vorbei. / Und alles, was du siehst ist, der drauf sitzt / Hat Hosen an, und alles was du denkst / Ist, wann er die herunterläßt vor dir.**
Schmulka	**Ja.** Ab.
	Auftritt Beutler.

Siegfried	Bist du wieder im Dienst, Bürgermeister? Zur Parade zu spät.
Beutler	Viel Wind um zwei Trecker.
Siegfried	Ab morgen mußt du früher aufstehn, Oberhaupt, sonst kommst du unter die Räder, das Dorf ist motorisiert. Wir feiern jetzt. Schnell ab.
Beutler	Das Blauhemd bläst sich auf.

Auftritt der Volkspolizist mit dem Exbürgermeister in Handschellen.

Beutler	Ein schnelles Wiedersehn.
Flüchtling	Nicht unser letztes.
Beutler	Ist das der Weg zur Elbe, Bruder? Hier gehts / Nach Bautzen. Kennst dus? Eine Vorstadt von / Sibirien.
Flüchtling	Bald wirst dus selber kennen.
Beutler	Der Mensch beschleunigt sich, der Globus schrumpft / Man muß kein Lump sein, um herumzukommen. / Im Extrazug als Delegierter fahr ich / Im zehnten Jahr vielleicht den Fleck vorbei / Wo du den Boden umgräbst schandenhalber. / Der Mensch hat einen Mund und einen Hintern. / Genauso hat der Kommunismus auch / Nen Vordereingang und nen Hintereingang –

Flüchtling Paß auf, daß du die nicht verwechselst etwa / Und kriechst ihm ins Gebiß statt in den Hintern.

Beutler Dich, Schädling, spuckt er aus und scheißt noch drauf.

Flüchtling Hätt ich die Hand frei, wüßt ich dir die Antwort.

Beutler Drückt dich dein Armband?

Flüchtling Deine Größe ist / Auch noch am Lager.

Polizist Habt ihr ausdiskutiert?
Setz dich in Marsch, Bürgermeister, du hast mir genug Überstunden gemacht. Blasen hab ich mir gelaufen, das Rad an der Hand, deinetwegen. Ich könnte beim Skat sitzen, hättest du kein Feuer gelegt, du Idiot. Ein Mittagessen hab ich schon verpaßt. Fünfzig Gramm Fleisch für einen kleinen Fisch wie du.

Flüchtling Wenn dir dein Auftrag ernst ist, nimm den auch mit.

Beutler Geh hinter ihm, Kamerad, er ist gefährlich.
Der Gefangene wirft einen Stein. Beutler weicht aus.

Polizist Ich brauch keine Ratschläge von Zivilisten.
Zum Gefangenen **Los.**

Flüchtling	zum Polizisten **Ich sag dir, nimm ihn gleich mit, sonst bereust du / Weil du den Weg noch einmal abgehn mußt. / Schwarzschlachten, Mord, Raub – im Gesetzbuch steht / Kein Paragraph, auf dem der nicht herumtritt.**
Polizist	**Von dir brauch ich auch keine Ratschläge.** Beutler will auf den Gefangenen losgehn, der Polizist hält ihn zurück. **Keine Übergriffe! Ich muß ihn lebendig abliefern.** Zum Gefangenen **Bei dem Strafregister wird er im Auto abgeholt, hin und zurück eine Stunde.**
Flüchtling	**Eine Ungerechtigkeit.**
Beutler	**Dir werd ich zeigen, Lump, was gerecht ist. / Dein Dorf liegt auf dem Weg, ich sorg dafür / Daß sie Spalier stehn, wenn du durchmarschierst. / Dann kriegst du, was du brauchst: Zum Abschied Saures.** Wütend ab.
Flüchtling	ruft ihm nach **Auf Wiedersehn, Schwarzschlächter, in Sibirien.** Ab mit der Polizei. Auftreten von verschiedenen Seiten die Umsiedlerin mit Bierkrug und der Bauer mit der Mütze.
Mütze	**Bier holen für den Liebsten?** Umsiedlerin geht weiter.

Mütze Wärs für mich / Ich ließ die Frau nicht nach Bier gehn.

Niet Es ist nicht für Sie.

Mütze Da wär vielleicht ein andrer grad so gut / Wenns um das Kind ist oder besser auch.

Niet *bleibt stehn* Gut oder nicht, es ist seins / Wenn ichs auch anders wollte. Und ich wills nicht.

Mütze Wer einen Schritt macht, kann den andern lassen.

Niet Wärs mit zwei Beinen, könnt ichs. Ich hab vier jetzt.

Mütze Dem Kind wär wohl der falsche recht, der ihm gut ist.

Niet Es wächst nicht aus der Welt und der wärs unrecht. / Ich muß auch gehn jetzt, und Sie brauchen Ihre / Zeit auch. Schöne gibts viel, wer eine Frau will.

Mütze Ich seh, ich halt Sie auf, aber zu spät / Ist manchmal nicht zu spät, wenn ich auch keiner / Mehr von den Schnellen bin, das ist nun so: / Da steht vielleicht am Feldweg, den man jeden / Tag abfährt, ein Baum, kein großer, eingestaubt / Von den Fuhrwerken, überall nicht viel anders / Als andre Bäume, und dann doch ganz anders / Nämlich wenn man ein Auge drauf hat. Zwei / Jahre lang fährt man den Weg schon, jeden Tag / Früh auf den Acker, spät heim und nicht vorm dritten / Merkt man den Baum, der da schon vier Jahr steht.

Niet Vielleicht versteh ichs. Und jetzt muß ich gehn. Ab.

VI Dorfkrug. / FDJ. Traktoristen. / Flint, in Rednerpose, wartet auf Publikum. / Auftreten Sieber und ein anderer Bauer.

Sieber
: **Wie lang ist deine Rede, Flint? Morgen / Muß ich aufs Feld.**

Flint
: **So lang wie ihr sie braucht.**

Bauer
: **Ich brauch sie so lang.** Ab.
  Auftritt Henne.

Henne
: **Worauf wartest du, Flint?**

Flint
: **Auf zwanzig Bauern. Habt ihr nicht gesagt / Zwei Trecker sind ein Dreck auf zwanzig Bauern?**
  Auftritt Senkpiel.

Senkpiel
: **Auf neunzehn, Flint.**

Flint
: **Ich seh hier keine neunzehn.**

Senkpiel
: **Wenn du noch lange wartest, stehst du allein.**

Henne
: **Ich bleib.**
  Auftritt alter Bauer.

Alter Bauer
: **Ein Dreck, und das ist meine Meinung.**
  Auftreten Simoneit und andere Bauern und Bäuerinnen.

Flint
: **Der Saal war voll, solang die Bäuche leer warn.**

Senkpiel	Im Schädel war auch Platz damals, gestopft voll / Mit eurer Politik jetzt. Ihr stopft nach / Ein Bund aufs andre immer, Stroh auf Stroh / Wenn eine Lage fault, die nächste drüber / Und staunt noch, wenns dem zehnten stinkt. Den zeig mir / Der nicht die Nase voll hat und die Schnauze / Mit Politik so, daß sie ihm zum Hals / Heraushängt.
Flint	In deinem Schädel ist noch Platz. – / Vor wenig Jahren haben wir, Kollegen / Die neue Zeit – die Spätgeburt, in letzter / Minute und mit fremdem Bajonett / Der Mutter aus dem kranken Leib geschnitten – / Festlich eröffnet in der alten Scheune / Jetzt MAS. So sah sie aus, die neue / Zeit: nackt, wie Neugeborne immer, naß / Von Mutterblut –
Senkpiel	Beschissen auch.
Flint	Von wem.
	Im Wehrmachtsauto saß der Junker, fuhr / Angst im Genick, ohne Chauffeur, knieweich / Sein Bankbuch mit und seine Weiber, westwärts. / Kein Hund hat ihm in die Reifen gebissen, und nicht zur / Hölle fuhr er, sondern auf sein Gut in

Bayern, sein / Platz an der Wand ist noch leer. Der alte Bauer ist eingeschlafen, schnarcht.
Und wenn du nicht bald aufwachst, kommt er wieder. Der alte Bauer wacht auf.
Dich mein ich, ja.

Alter Bauer **Wer kommt?**
Senkpiel **Der Junker.**
Alter Bauer springt auf, nimmt eine militärische Haltung ein, dann **Wo?**
Lachen.
Flint **Aus dem Osten kamen die Trecks, Umsiedler wie Heuschrecken, brachten den Hunger mit und den Typhus, die Rote Armee kam mit der Rechnung für vier Jahre Krieg, Menschenschinden und verbrannte Erde, aber mit Frieden auch und Bodenreform.**
Da war das Stiefellecken nicht mehr Trumpf / Das Zuckerlecken noch nicht: Brachland gabs / Zu viel, Zugvieh zu wenig, Trecker keinen.
Da fraß der Große wieder den Kleinen auf, ich hab acht Pferde, was hast du? Hack meine Rüben, wenn du dein Feld gepflügt willst, oder spann dich selber vor den Pflug und krepier in der Furche,

	Hunger habt ihr? Ich bin satt. Jetzt sind wir vierundzwanzig Pferde weiter.
Senkpiel	Ich seh hier keine vierundzwanzig Pferde.
Heinz	Ein Trecker hat zwölf Pferdestärken.
	Zwei / Mal zwölf macht vierundzwanzig.
	Ein Traktorist wiehert.
Flint	Und der Leihgaul / Ist für den Schinder.
	Und im Kommunismus / Hängt sich der Traktorist auch an den Nagel / Der Bauer legt die Technik an die Leine / Setzt sich ans Schaltbrett wie ein Ingenieur
	Traktoristen lachen.
	Und schaltet ein früh, abends aus, dazwischen / Schach, Kino undsoweiter im Kulturhaus.
Senkpiel	zum alten Bauern
	Wir sind im Kommunismus, Franz, wach auf.
Alter Bauer	Was ist? Ich bin dafür.
	Hebt die rechte Hand, schläft weiter.
Senkpiel	**Der Kommunismus / Ist ausgebrochen. Deine Alte ist schon / Verstaatlicht.**
Alter Bauer	**Meine Alte? Das ist gut.**
	Kichert.
	Der Staat wird seine Freude an ihr haben.
	Seine Frau haut ihm ins Genick.

Im Kommunismus wird nicht mehr geschlagen. Auftritt Beutler.

Beutler Das ist ein Festtag wie er selten auftritt / Nicht alle Tage kriegt ein Dorf zwei Trekker / Das muß ein schlechter Bürgermeister sein / Dem nicht das Herz aufgeht in solchen Fällen / Und auf die Zunge tritt und Reden schwingt. / Ich kann mir meine Rede einsparn heute, weil / Hier der Kollege Flint schon, mein geschätzter / Vorredner, besser als ichs kann zum Ausdruck / Gebracht hat, wie uns allen um die Brust ist. / Mir aus dem Herzen, Flint, hast du geredet.

Siegfried Hast du ihn durch die Mauer reden hörn?
Beutler Ich weiß, er ist uns über mit der Schnauze.
Flint Ich kenn mich besser aus in deinem Herz.
Beutler Wer kennt den Nächsten, Flint? Zum Beispiel du / Hängst mit dem Fleischsoll und wer dich nicht kennt / Könnt meinen, deine Zunge ist gespalten / Mit einer Hälfte redst du Kommunismus / Und mit der andern hältst du Fleisch zurück / Das dir der Staat abfordern muß, weil Not herrscht. / Wer dich nicht kennt, könnt so was denken, Flint. / Ich kenn dich.

Flint	**Bier für alle.**
Krüger	**Hast du Geld?**
Flint	**Ja.** Zählt sein Geld, dann **Morgen.**
Krüger	**Wann ist morgen?**
Junger Bauer	**Übermorgen.**
	Lachen.
Krüger	**Morgen. Weiß ich, was morgen ist. Weißt dus? / Schnell tritt der Staat den Unternehmer an. / Kann sein, im Augenblick wo ich zehn Biere / Ausschenk dir zu Gefalln, Flint, auf Kredit hier / Setzt in der Kreisstadt der Abteilungsleiter / An seinem Schreibtisch zwischen zwei Zigarrn / Sein Friedrich-Wilhelm unter das Papier / Das mich zum Bettler macht auf Lebenszeit / Oder im Postsack kommt schon auf mich zu / Der eingeschriebne Brief, der mich ins Mark trifft / Und eh ich dir die Biere abkassiert hab / Kassiert dein Staat, ich sag nichts gegen ihn / Was ich mit Schweiß gezahlt hab und mein Vater / Zwei Generationen und vermehrt mit Fleiß.**

Flint lacht.

Ich weiß, du hängst mich lieber heut als morgen. / Der ganze Grund, warum dus läßt, ist der: / Du darfst nicht, weil der

	Mittelstand mit dir / Verbündet ist. Ich weiß es aus der Zeitung.
Flint	Kommt Zeit, kommt Rat.
Krüger	Ja, und das weiß ich auch: / Manch einem gehts mit dir wie dirs mit mir geht. / Vielleicht sitzt mancher hier sogar und heute / Der keine Augen mehr für einen Baum hat / Weil er schon jeden Ast bloß noch drauf ansieht / Ob er dich aushält, Flint, wenns anders kommt. / Ich bin der erste, der das Messer nimmt / Und dich abschneidet. Aber heute Bier / Für morgen Geld geht über meine Mittel. / Mir steht das Wasser bis zum Hals geschäftlich. / Kein Schlaf mehr. Jede Nacht derselbe Schrecktraum: / Der Pleitegeier hackt nach meiner Leber. / Oder Versteigerung. Unterm Hammer: ich. / Und beide Daumen in der Steuerschraube. / Der Doktor sagt: kein Bier. Ich sag, s ist seelisch / Und daß die Welt auf Geld reimt macht mich krank. / Ich wär gesund, könnt ich die Gottesgabe / Ausschenken wie der Herr den Heiligen Geist / Gratis, statt daß ich euer Geld mir auflad / Wie eine Kreuzlast und wie einen Buckel / Auf den

die Kinder schon mit Fingern zeigen: / Seht den da, der nimmt Geld, ein Kapitalist! / Dabei mach ich den Kuli für die Steuer / Lad auf, schlepp zum Finanzamt und lad ab. / Du wirsts nicht glauben: Geld widert mich an, Flint.

Traktorist **Ein Bier für dich, Budiker. Und der Schein hier / Fünf Mark, ist deiner, wenn du ihn ins Maul nimmst.** Krüger tut es.

Traktorist 2 **Wenn du ihn auffrißt, kriegst du zehn von mir.** Krüger tut es, und der Traktorist gibt ihm zehn Mark.

Flint zu den Traktoristen **Hier ist kein Zirkus.** Zu Krüger **Bring, was ich bestellt hab.**

Beutler **Ich zahls dir, Krüger.**

Zu Flint **Jeder was er kann. Du / Hasts auf der Zunge, ich habs in der Hand,**

Ein Bauer **Man weiß woher.**

Beutler **Was weiß man?**

Senkpiel **Eine Sau hat / Aus einem Bauch geredet.**

Beutler **Weiß man auch / Was auf Verleumdung steht, und von Personen / Neuerdings besonders, die den Staat verkörpern.**

Der Traktorist lacht.

Ich borg dir das Gesetzblatt, du lachst nicht mehr.

Zu Senkpiel
Wenn ich dich nach Beweisen frag, wo sind sie? / Und wenn dich das Gericht fragt, wo bleibst du? Geht.

Senkpiel **Da, wo du hingehörst.**
Beutler kommt zurück **Ging das auf mich?**
Henne **Sag nein. Du hast Familie.**
Senkpiel **Ja, auf dich.**
Beutler **Ein Wort zuviel. Ich kann mich taubstellen, wenn du / Die Schweine reden hörst aus fremden Bäuchen / Und wärs ein Stall voll, wenns auf die Person geht. / Da sag ich mir: hör weg, der Mann hat Kinder. / Jetzt kann ichs nicht mehr, weils den Staat betrifft / Der Staat rangiert vor dir, denn: du hast Kinder. / Ein Kind kommt ohne Vater aus, wenns sein muß / Wie viele müssens? ohne Frieden nicht. / Und unser Staat, das weiß man, ist der Frieden.**
Senkpiel **Gegen den Staat hab ich kein Wort geäußert.**
Beutler **Du hast geäußert, ich gehör nach Bautzen.**
Senkpiel **Eins weiter, wenn man mich fragt.**
Beutler **Ihr habts gehört. / Und statt in Bautzen bin ich Bürgermeister. / Also du hast geäußert, unser Staat macht / Was in den**

Knast gehört, zum Bürgermeister. / Du
hast geäußert, wenn du dem Gericht hier /
Die Wahrheit sagst, gehst du den Weg
nach Bautzen. / Also du hast geäußert,
unser Staat schickt / Nach Bautzen einen,
der die Wahrheit sagt. / Ihr habts gehört.
Also du bist ein Staatsfeind. / Und weil der
Frieden eins mit unserem Staat ist / Bist du
ein Friedensfeind. Und weil die Kinder /
Den Frieden brauchen vor der Muttermilch / Bist du ein Kinderschlächter.

Senkpiel zu Henne **Halt mich!**

Beutler **Halt ihn. / Tus für die Kinder. Zehn Jahre
hat er weg. / Wenn ihn jetzt keiner festhält, kriegt er zwanzig / Und grau sind
seine Jüngsten, wenn er heimkommt.**

Flint **wenn mich jetzt keiner festhält, stirbt jetzt
einer.**

Bauern halten ihn fest.

Beutler **Kein Terror, Flint! Vielleicht kann ich ihn
bessern / Durch Überzeugung, und der
Schreck reicht aus. / Mir wirds auch schwer,
nicht mit der Faust zu reden / Aber der
Kopf, Flint, macht die Politik.** Geht.

Flint reißt sich los. **Wenn ich vor dir sterb, Beutler,
schwör ich den / Materialismus ab und**

werd katholisch / Damit ich dir als Geist erscheinen kann / Und dich im Schlaf erwürgen.

Beutler **Doppelzüngler.** Ab.

Auftritt Umsiedlerin mit Bierkrug.

Krüger **Was wolln Sie?**
Niet **Bier, einen halben.**
Krüger **Hier ist geschlossene Gesellschaft heute.**
Flint **Bier für alle, hab ich gesagt.**

Bier für alle.

Die wir geschunden haben und die uns / Geschunden hat, die alte Erde: unser. / Die neue Technik, die uns auch nicht grün war / Mit Tanks und Bombern, unser jetzt und friedlich. / In einer Hand, was nicht zusammenging / Die alte Erde und die neue Technik. / Kein Blutvergießen mehr, kein Schweiß mehr morgen.

Flinte 1 **Auf deine Linksgetraute, Flint! Wer ist die nächste? Ich hab ihm die Stange gehalten, als er gegen Hitler gesessen hat.** Zeigt auf Flinte 2 **Das ist der Dank.**

Senkpiel **Die Stange hat sie ihm gehalten.**

Lachen.

Heinz singt

Die Beeren hängen wieder rot am Strauch. / Und deine Brüste, Frau, die hängen auch.

Flinte 1 haut Heinz eine Ohrfeige und geht ab.

Zu den Traktoristen

Das war die Flinte. Und sie war geladen. / Und jetzt halt ich die andre Backe hin: Es war einmal ein Gutsknecht, hat acht Kinder, geht auf den Gutskartoffelacker, klaut acht Gutskartoffeln. Kommt der Gutsherr, zählt die Gutskartoffeln, kassiert die acht geklauten, tritt dem Gutsknecht in den Hintern 1934. Elf Jahre später, Hitler kauft Benzin, marschiert aufs Standesamt, kein Auge bleibt trocken, der Gutsherr packt seinen Ahnenpaß ein, der Gutsknecht hilft packen, und der Herr tritt ab, die Hosen voll vor Stalin. Den Kartoffelacker soll der Gutsknecht kriegen, dem der Magen singt vor Hunger, seinen Kindern auch, soweit übrig. Aber der sperrt sich: Unrecht Gut und so weiter, hängt die Zunge in den Westen, dem Junker nach, zum Stiefellecken. Erst ein neuer Arschtritt überzeugt ihn.

Und in zwei Jahren wird er Feuer spein / Wenn ihr die Raine umpflügt. Keine Rede / Von Unrecht Gut, nur meins, meins, meins. Dann braucht er / Den dritten Arschtritt.

Henne haut Heinz eine Ohrfeige

Heinz Was hab ich gesagt?
Traktorist Bier für den Komiker.
Alter Bauer zu Henne Wenn der Gaul auf den Trecker scheißt, hat der Apfel Vorfahrt.
Henne Er hat mich in den Arsch getreten, stimmt / Für acht Kartoffeln. Das stimmt auch: zwei Kühe / Hat er mir abgetreten, als er ging, und / Was ist ein Arschtritt für zwei Kühe.
Alter Bauer Nichts.

Traktoristen lachen ungeheuer.

Traktorist 1 Als der liebe Gott den Bauern in die Mache nahm, war das Gehirn noch nicht erfunden. Erst als der Traktorist in Produktion ging, hat der Alte gemerkt, was fehlt. Aber wie er den Bauern wieder aus dem Verkehr ziehn will und ihm auch eins einbaun, wars zu spät: der hat schon Stroh im Kopf, weil ihm die Scheune voll nicht langt und die Hoftür vorm Schädel.

Henne	Rotzbengel, grüner.
Traktorist 1	*zieht die Jacke aus usw.* **Hast du einen letzten Wunsch? Sag schnell.**
Traktorist 2	**Zieh wieder an und setz dich.** Er hat schon Schulden: ein halber Bauer und drei Nasenbeine.
Heinz	Was kostet der Bauer?
Traktorist 1	Drei Schichten, Bauern sind im Preis gesenkt, aber die Liste hat Lücken. Das ist der Neid bei ihm. Ich bin siebenundzwanzigmal vorbestraft wegen Körperverletzung, zwölfmal mit tödlichem Ausgang. Wegen Sachbeschädigung auch: zwei Kneipen in Straußberg bis auf die Grundmauern.
	Schmulka steht auf und geht, den ersten Traktoristen streifend, sich umblickend, langsam ab.
Traktorist 1	**Stehst du drauf?**
Heinz	**Ich nicht.**
Traktorist 1	*zu Siegfried* **Du?**
	Pause.
Siegfried	**Mir sind die Trecker wichtiger.**
Traktorist 1	**Richtig. Opfer müssen gebracht werden.**
	Nimmt zwei Streichhölzer, verkürzt eins, hält beide, mit der Hand verdeckt, dem andern Traktoristen hin.
	Kurz verliert.

Traktorist 2	zieht das kurze **Du hast Vorfahrt.**
Traktorist 1	zu Siegfried **Zeig mir den Weg. Ich zeig dir, wo die Trecker stehn. Du kannst sie putzen.**
	Ab. Siegfried ihm nach. Man hört eine Schlägerei. Siegfried kommt mit einem blauen Auge.
Flint	**Was war?**
Siegfried	**Ich hab ihm den Weg gezeigt.**
Heinz	**Mit einem Auge?**
Siegfried	**Willst du auch eins. Und seinen Trecker kann er selber putzen.**
Senkpiel	**Ich hab da ein Stück Brachfeld, Traktorist / Seit 45 nicht gepflügt. Ich brauchs.**
Traktorist 2	**Ich hab hier Knochen, Bauer, an die vierzig, heil / Durch vier Jahre Krieg gebracht, kein Kalk zuviel. / Die brauch ich auch. Ich hab was gegen Minen.**
Senkpiel	**Wer denkt an so was.**
Traktorist 2	**Dems passiert ist nicht mehr. / In Brandenburg zum Beispiel wars mein Kumpel. / Wir standen da an den Traktoren abends / Rauchten, Bauern dabei, die lamentierten / Um einen Fetzen Brachfeld, Minen drin. / Ich sagte: Meine Knochen brauch ich noch / Jagt eure Gäule drüber, wenn ihrs braucht / Ich hab was gegen Minen. Sagt**

mein Kumpel: / Ich gegen Kohldampf, schmeißt den Stummel weg / Und sitzt schon auf dem Traktor und fährt los. / Es war die Himmelfahrt, der Traktor auch hin.

Schweigen. Dann nimmt Henne die Mütze ab, nach ihm die andern, zuletzt der Erzähler. Die Umsiedlerin wartet noch an der Theke.

Traktorist 2 **Wenn du die Frau noch länger auf dein Dünnbier warten läßt mit ihrem dicken Bauch, passiert was, Budiker.**

Krüger füllt Bier in den Krug. Umsiedlerin ab. Der Traktorist wirft Geld auf den Tisch und geht ebenfalls ab.

Krüger **Ich muß mein Inventar versichern lassen.** Streicht das Geld ein. **Drei Mark zuviel. Das aast mit dem Geld. Unsereiner muß arbeiten.**

Ein Bauer **Nichts gegen Trecker. Aber wissen möcht ich / Wozu der Fahrer gut sein soll. Weißt dus, Flint?** Flint schweigt.
Der sieht vielleicht vom Sattel aus noch seinen / Lohnzettel, auf die Furche scheißt er schon / Grad oder ungrad, wenns nur schnell geht, flach / Geht ihm am schnellsten.

Flint   Wenn dus dir gefalln läßt.
        Ab in »Männer«.
Bauer   **Ein Unglück bleibt nicht lang allein. Wir haben / Den Abschaum aus dem Osten schon am Hals / Jetzt kommt der Kehricht aus der Stadt hinzu. / Wir sind der Schuttplatz.**
Simoneit schlägt ihn **Das ist für den Abschaum.**
Bauer   **Hebst du die Hand auf gegen einen Deutschen?** Heinz pfeift die ersten Takte des Deutschlandlieds.
Ein anderer Bauer schlägt Simoneit **Dir werd ich zeigen, wer hier deutsch ist, Pollack.**
Krüger **Machts draußen ab.**
Bauer   **Hier drin ist Platz genug.**
        Schlägerei, bis Flint von »Männer« zurückkommt.
Flint   **Seid ihr besoffen? Auseinander!**
Krüger **Und ich bin noch nicht versichert.**
        Bauern ab. Auftritt Fondrak, Flint bleibt.
Krüger **Der Flüchtling ist grad weg, dein Kind im Bauch mit Bier.**
Fondrak **Ein Kind zu viel, und Bier zu wenig.**
Krüger **Die Frau hat bezahlt.**
Fondrak kehrt seine Taschen um, schmeißt Geld auf die Theke **Hab ich den Krieg gewonnen?**

Krüger Ich? Fehlt ein Groschen.
Fondrak **Krüger, sei ein Mensch!**
Krüger **Sags dem Finanzamt.**
Fondrak **Weil ich Durst hab, Krüger.**
Krüger **Ja, wer kein Geld hat, hat auch keinen Durst.** Lacht.
Fondrak **Was ist schwärzer, Krüger: die Nacht, dein Schnaps oder deine tote Sau? Wieviel Bier kommt auf drei Eimer Wasser?**
Krüger, nach einem Blick auf Flint, gibt Fondrak Bier.
Fondrak zu Flint **Wissen ist Macht.** Trinkt aus. **Im Kommunismus ist das Bier umsonst?**
Flint **Bier auch.**
Fondrak **Kannst du den Kommunismus gleich machen? / Wie wärs mit einer Lage für den Anfang?**
Flint **Wie wärs mit einer Bauernstelle, Fondrak? Du kannst zusammenziehn mit der Umsiedlerin und hast Geld für Bier.**
Fondrak **Musik von morgen. Mein Durst ist von heute. / Bier.** Da das Bier ausbleibt / **Muß ich mir das gefallen lassen?**
Flint **Jetzt mußt dus.**
Fondrak **Eine Zigarette, Krüger, auf Umsiedlerkredit.**

	Viertausend Stück hab ich gehabt in Polen vor dem Endsieg. Der Obergefreite hat sie mir abgejagt, ich war Gefreiter. Der Hund.
Flint	geht **Überlegs dir mit der Bauernstelle, Fondrak.**
Fondrak	Der Karpfen wollte angeln, da fiel er in den Teich.
Flint	Das soll ein Pferd sein, sagte der Esel vom Auto. Ab.
Fondrak	Bier, Krüger. Ich bezahl, wenn Warschau wieder deutsch wird.
Krüger	Ich seh dich nicht in Warschau.
Fondrak	Der Amerikaner wirds schon machen. Wenn du mir schon kein Bier bringst, Krüger, und Zigaretten auch nicht, bring mir wenigstens ein Weib auf Umsiedlerkredit, es kann deins sein.

Heinz und Siegfried lachen.

Wir hatten einen in Gubernik, der hats auf dem Dorfplatz gemacht in der Sonne. Der Pastor kam zuerst: Haben Sie kein Schamgefühl, Herr Kosleck? Nein, sagt der, er hat keins. Dann kam die Polizei mit Gummiknüppel und Sirene, wie der Erzengel ins Paradies, zuletzt die Feuerwehr mit Spritzen, und das war die Sintflut.

Siegfried	Moral hast du wohl keine, Fondrak?
Fondrak	Ich hab die Moral: der Kommunismus braucht mehr Leute, daß er schnell geht, und aus einer Frau, wenns hochkommt, kommt im Jahr ein Kind, Zwillinge sind schon ein Glücksfall. Überall, steht in der Zeitung, steigern sie die Produktion jetzt. Da muß sich die Moral auch nach der Decke strecken. Willst du mir sagen lassen, du klappst nach? Die Moral hab ich, hast du ne bessre?

Heinz und Siegfried ab.

Im Kommunismus bist du fällig, Krüger. Wenn der Kommissar die Reihe abgeht mit: Wo ist der Obergefreite, der meinem Kumpel Fondrak die Zigaretten abgejagt hat in Polen auf dem Rückzug, viertausend Stück, der Hund? Und wo ist Krüger, der ihm kein Bier gegeben hat, das Kapitalistenschwein? Und wenn er die Kanone wieder einsteckt, und die raucht noch, fragt er mich: Fondrak, fragt er, Fondrak, alter Büchsenöffner, wollen wir ein Faß aufmachen? Und dann machen wir ein Faß auf.

Rammler und Treiber treten auf.

Treiber	Brauchst Arbeit, Fondrak?

Fondrak	**Ich brauch Bier.**
Treiber	**Kauf dirs.**
Fondrak	**Brauchst eine Arbeitskraft?**
Treiber	**Ja.**
Fondrak	**Kauf dir eine.** Treiber kauft Bier für Fondrak.
Rammler	**Mit dem laß dich nicht ein. Fang lieber gleich / Bei mir an: leichte Arbeit, schweres Geld.**
	Kauft Bier für Fondrak.
Fondrak	trinkt aus **Leer. Eine Bauernstelle kann ich kriegen.** Rammler und Treiber kaufen Bier für Fondrak.
Rammler	**Hast du den Strick dazu? Von zwanzig einer / Erhängt sich bei den reformierten Bauern. / Warum? Die andern haben keinen Strick.**
	Fondrak trinkt aus, Rammler und Treiber kaufen Bier. Fondrak trinkt aus.
Fondrak	**Ein Wort und ich bin Bergmann wer ist mehr.**
Rammler	**Akkord ist Mord, hab ich mir sagen lassen.**
Fondrak	**Geld stinkt nicht, sagte der Krämer, und zog den Dukaten aus der Scheiße.**
	Rammler und Treiber kaufen Bier für Fondrak. Der trinkt aus.
Treiber	**Dein Bier hast du gehabt.**

Fondrak	**Zu wenig.**
Rammler, Treiber	**Bier.**
	Für Fondrak.
	Krüger bingt Bier, Fondrak trinkt aus.
Fondrak	**Bier.**
Treiber	**Hast du noch Durst, du Vieh?**
	Fondrak fällt um. Die Bauern versuchen ihn zu teilen.
Krüger	**Ihr kriegt ihn nicht auseinander.**
	Krüger bringt Würfel. Die Bauern würfeln um Fondrak. **Die Jacke ist noch gut.**
	Zieht Fondrak die Jacke aus. **Bierschulden.**
	Treiber ab mit Fondrak auf dem Rücken, von Rammler verfolgt.
	Krüger sieht ihnen nach **Die Hose ist besser.**
	Pause.
	Auftritt der Bauer mit der Mütze.
Mütze	**Das hättst du sehn solln, Krüger.**
Krüger	**Was denn?**
Mütze	**Draußen.**
Krüger	**Ich weiß, wies draußen aussieht, hab drei Fenster / Zwei auf die Straße, auf den Hof eins, Bier?**
Mütze	nickt **Das hast du nicht gesehn: durchs Dorf marschiert / Mit krummen Knien, sein eigner Ochse, Treiber. / Der Schweiß**

läuft ihm herunter, auf dem Buckel /
Abschleppt er Seine Majestät den Knecht /
Die rare Arbeitskraft, gekauft mit Bier /
Und überfüllt mit teurem Bier jetzt:
Fondrak. / Und fünf Schritte hinterher
schleicht Rammler, auch scharf / Auf
eine billige Kraft und lauert, wann / Der
Konkurrenz die Knie einknicken, und /
Jetzt kommts noch besser: Treiber, dem
die Zunge / Heraushängt, hält, schmeißt
Fondrak ab und geht / Ein Fuhrwerk
holen, Rammler greift gleich zu / Und
lädt sich Fondrak auf und ab mit Stolpern. / Wie Treiber mit dem Fuhrwerk
wiederkommt / Zweispännig, ist ihm
seine Arbeitskraft / Schon außer Sicht
und bei der Konkurrenz. / Und so weit
sind wir schon: der Kleine reitet / Den
Großen, wer zuviel hat hat zuwenig /
Hunger ernährt, Geld zehrt.

Krüger Verkehrte Welt. / Noch Bier?
Mütze Verkehrt, sagst du? Von dir kein Bier.

VII a Landstraße. / Von verschiedenen Seiten der SED-Kreissekretär auf einem Motorrad und auf einem Fahrrad Flint.

Sekretär Fährst du dein Fleisch abliefern, Flint?
Flint Könnt ichs. / Vier Wochen Schulung und dazu noch Rotlauf. / Die Theorie geht vor dem Fleischsoll, denk ich.
Sekretär Du denkst! Der Mensch lebt vom Bewußtsein, wie? Regiert, karrt Schutt weg, mauert Häuser, klaubt / Fabriken aus dem Schrott mit Margarine?
Flint Ich werds mir von den Rippen schneiden.
Sekretär Wann?
Flint Ich laß mein Feld Feld sein, vom Pflug weg fahr ich / Weils mir um mehr ist als um meinen Krautacker / Mit einem Sack voll Sorgen zur Partei / Treff dich, und eh ich abgeladen habe / Springst du mir mit dem Sollfleisch ins Gesicht.

Auftritt eine dicke Frau mit Fahrrad und riesigem Rucksack. Flint will ab.

Sekretär Wir sind nicht fertig miteinander, Flint.
Dicke Frau Das ist ein Zufall. Sieben Tage im / Parteibüro umsonst wen such ich wie / Die Laus im Frackhemd und kein Fatz

von ihm / Kein Knopf, brach steht sein
Schreibtisch und am achten / Zehn Kilometer vor der Stadt beim Radfahrn / Daß
die Verbindung mit dem Dorf nicht abreißt / Und mit der Bundesfreundin dort,
die auch / Befreit sein will, hier, zwischen
Flinz und Banse / Wen treff ich? Den
Genossen Sekretär. / Mein Mann treibt
Ehebruch mit seiner Schreibkraft.

Sekretär   auf den Rucksack blickend, uninteressiert **So?**
Dicke Frau **Ja.**
Pause.
**Er holt sie mit dem Auto ab früh / Und
bringt sie abends heim auch mit dem Auto.**
Sekretär   mäßig interessiert **Das kostet wohl Benzin,
was?**
Dicke Frau **Und nicht seins. / Und jeden Sonntag
fährt er sie ins Grüne / Auch mit Benzin.**
Sekretär   interessiert **Dienstwagen?**
Dicke Frau strahlt **Ja. Dienstwagen. Und jeden Sonntag. Und ich hab kein Auto / Und mit
dem Fahrrad hängen sie mich gleich ab.**
Flint lacht. **Aber ich weiß genug, bin nicht
die Dümmste. / Vom Kilometerzähler
hab ich, hier / Die Zahlen aufgeschrieben,
und der lügt nicht.**

Sekretär	Dienstwagen. Gut, wir gehn der Sache nach. / So, und jetzt dreh dein Fahrrad um und liefre / Die Schinken wieder ab, von denen du / Die Bundesfreundinnen befreit hast und / Der Sache gehn wir auch nach, und dein Mann / Wenn ihm die Marschverpflegung zu gering ist / Kann er zu Fuß gehn in den Sozialismus.

Die dicke Frau dreht ihr Fahrrad um und fährt schnell zurück.

Flint	Der würd ich auch die Ehe brechen.
Sekretär	Er kann es ohne Benzin machen.
Flint	Vielleicht kann er das nicht.

Auftritt ein junger Mann mit Fahrrad.

Junger Mann	zum Sekretär Ich bin aus Fietgest, seit Granzow hinter dir her. In Lane hätt ich dich gehabt, wenn die Kulaken weniger Kühe hätten. Per Rad durch eine Herde Rindvieh, da kannst du auch mit Elefanten boxen.
Sekretär	Du mußt es wissen. Was willst du? Braucht euer Bürgermeister einen neuen Papierkorb für meine Briefe, die er nicht beantwortet?
Junger Mann	Wir brauchen Ersatzteile.
Sekretär	Pflügt mit Pferden.

Junger Mann	Wir haben keine Pferde.
Sekretär	Ich auch nicht.
Junger Mann	Wir können uns nicht selber vor den Pflug schirrn.
Sekretär	Warum nicht?

Der junge Mann mit dem Fahrrad ab.

Flint	Wie solln die Massen zur Partei Vertrauen kriegen wenn du ihnen Saures gibst mit SchirrteuchselbervordenPflug, weil sie Ersatzteile brauchen.
Sekretär	Hast du welche? Warum sagst du das nicht gleich. Jetzt dauerts länger. Ich muß drei Dörfer liegenlassen, oder morgen in der Sitzung aus dem Ärmel reden. Was ich tun werde. Hör zu: Wenn ich dem Jungen sage: gut, ich reiße mir ein Bein aus oder drei für Ersatzteile, und was die Aussaat angeht: ihr seid in der Klemme und der Mensch geht vorm Termin, was passiert? Fein von der Partei, sagt Fietgest, daß sie uns Ersatzteile besorgt, aber dazu ist sie da, und mit der Aussaat warten wir bis nach der Ernte, die Partei hat uns gesagt, der Mensch geht vorm Termin, und wer wird sich gegen die Partei stelln? Die Ersatzteile werden mich drei Tage kosten, Zeit,

Benzin und Stimme. Und vielleicht weiß
ich am dritten, daß ich sie nicht kriegen
kann, für Fietgest nicht und überhaupt
nicht bis auf weitres. Unsre Industrie steckt
in den Windeln, die Planung auch, der
Staat überhaupt und es war eine schwere
Geburt, Kaiserschnitt, nicht zu vergessen.
In Fietgest werden sie sich jetzt ein Bein
ausreißen, und ich schicke ihnen eine Reparaturkolonne auf den Hals. Wer weiß, ob
sie da noch Ersatzteile brauchen.

Flint Ich habs auch manchmal satt. Zum Beispiel, wenn die Genossen mir in der Versammlung umfalln.

Das kriecht, dem Bürgermeister nach, eh
du / Bis drei zählst, dem Kulaken in den
Hintern. / Und was du an den Haaren
etwa / In die Versammlung schleifst, kuscht
auch: Umsiedler, feige Hunde, / Und du
stehst da wie Gott im Hemd, allein.
Revolution ist eine Kleinigkeit mit Vollmacht. Wenn du ein Gesetz hast beispielsweise: Mit Zuchthaus wird bestraft, wer
die Mütze abnimmt vor einem Kulaken.
Oder kannst den Bürgermeister an die
Wand stelln einfach, der nicht funktioniert.

Sekretär *lacht* **Genosse Mauser hat Redeverbot, Flint. Bautzen ist das höchste, oder eine Reise hinter den Ural, in schweren Fällen. Damit müssen wir auskommen, du auch. Zu wenig Hände, zu viel Arbeit, und den Amerikaner vor der Nase, der auf seiner Bombe sitzt. Noch Fragen?**

Flint **Ja.**

Sekretär **Braucht ihr Agitationsmaterial?**

Flint **An Papier ist kein Mangel.**

Sekretär **Habt ihr Traktoren bekommen?**

Flint **Zwei Stück.**

Sekretär **Bücher auch?**

Flint **Bücher auch.**

Sekretär **Lies nach, was du nicht verstehst. Und sing nicht wie ein Kandidat nach dem ersten Agitationseinsatz. Und steck den Revolver ein, alter Sektierer. Zehn Minuten. Macht drei Dörfer, die ich rechts liegenlassen muß. Deine Schuld, wenn die katholisch bleiben oder morgen leerstehn durch Westflucht.**

VII b Von verschiedenen Seiten Flinte 1, zu Fuß,
und der Kreissekretär mit Motorrad.

Sekretär	**Wohin, Genossin Flint?**
Flinte 1	**In die Stadt zum Doktor.**
Sekretär	**Ich hab deinen Mann getroffen. Warum marschiert ihr getrennt?**
Flint 1	**Das Fahrrad hat er mitgenommen ins neue Leben, die Frau war ihm zu alt.**
Sekretär	**Die Ausbeuter haben wir vom Hals. Wer sich duckt, macht neue. Ich sollte dich laufen lassen. Steig auf.**

VII c Flint, Flinte 1, Sekretär

Sekretär Die Massen sehn dir nicht bloß auf den Bauch und auf die Finger, dein Bett steht auf der Straße, du bist die herrschende Klasse, Flint, steig ab. Wie willst du den Staat lenken, wenn dir der Schwanz übern Kopf wächst.

Flint steigt vom Rad **Das kann ich schon singen.** Fahrradübergabe. Sekretär und Flinte nach verschiedenen Seiten ab. **Warum kommst du nicht gleich mit dem Kastriermesser? Das muß ich mir sagen lassen von einem, der Thälmann bloß auf Bildern gesehn hat. Abfährt sie, und ich steh da mit zwei Beinen, zwölf Kilometer vor mir. Das muß mir passieren.** Geht. **18 hat keiner gefragt, wohin mein drittes Bein geht. Das Fleischsoll haben wir mit dem Gewehr beglichen. Jetzt ist halb Deutschland unser, und auf einmal soll ich leben wie der Preuße im Gesangbuch. So fromm warn die Pfaffen nicht. Bei denen heißts bereun und weitermachen. Einen Papst hats gegeben sogar, ders erlaubt hat. Jeder mit jeder von Mai bis**

August. Müssen wir päpstlicher sein als der Papst? Ich hör die Antwort schon. Bin ich der Papst? Ich kanns dir nicht erlauben. Klemm den Schwanz ein, du bist die herrschende Klasse. Nicht schießen, ein Klassenfeind. / Und wenn er zehnmal recht hat, ein Unrecht bleibts. / Ich steh im Klassenkampf mit dem Kulaken. / Der läßt sichs wohlsein, rund von freier Spitze / Und keiner schikaniert ihn, wenn er fremdgeht.
Ein Bauer in neuer Westkluft fährt vorbei.
Da kommt so ein Verbrecher. He, was haben wir bezahlt für deine Westkluft, Parasit? Wieviel Fleisch hast du verschoben? Der hat Glück, daß die Partei mich zum Fußgänger degradiert hat. Den hätt ich ausgezogen bis aufs Osthemd.
Ich will ja gar nicht viel, ich bin trainiert drauf / An Fleischtöpfen gradaus vorbeizugehn / Und keinen Daumen breit ab von der Linie / Fürs bessre Leben, das vielleicht zu spät kommt / Was mich betrifft, und immer morgen, morgen / Und eh du deinen Fisch hast, hat der Wurm dich. / Noch zehn Kilometer. / Manchmal komm ich mir vor wie Moses selber. / Der brachte

seine Mannschaft auf den Trichter / Wo
Milch und Honig fließt, und was für ihn /
Heraussprang, war das Schwarze unterm
Nagel. / Grad konnt er sie noch fressen
sehn, dann starb er.

Ab. Mit leerem Rucksack fährt die dicke Frau
über die Bühne.

VIII Wiese. Abend / Schmulka und Siegfried, Bücher schleppend.

Siegfried Im Kommunismus, wenn die Arbeit aufhört / Zeit ist umsonst, Maschinen machen alles / So kommt es nämlich, les ich alle Bücher.

Schmulka Mein Wunsch vom Kommunismus ist lang schlafen / Statt mit den Hühnern aufstehn, weil die Kuh brüllt / Oder der Bauer, lauter als die Kuh. / Der Melkschemel wär meine letzte Arbeit / Ich hack ihn mit der Axt klein. Und mein erster / Gang wär im besten Kleid quer durch den Roggen / Der mir die Haut geschunden hat, bis Blut kam / Beim Garbenbinden und beim Hockenaufstelln / Und wenn der Mohn im ganzen Feld blüht, freuts mich. / Abends geh ich zum Tanz im neuen Westkleid / Wenn ich durchs Dorf geh, hängen alle Weiber / Im Fenster, alt und junge, schwarz vor Neid / Weil alle Männer mir nachlaufen, aber / Ich geh mit keinem, der kein Auto hat.

Siegfried *lacht* Ein Auto hat im Kommunismus jeder.

Schmulka	Wenn jeder eins hat, geh ich auch mit jedem.
Siegfried	Das darfst du nicht.
Schmulka	Im Kommunismus darf man.
Siegfried	Wenn alles aufhört, die Moral hört nicht auf.
Schnulka	Liebst du mich, Siegfried?
Siegfried	Warum fragst du, Schmulka? / Die KOMMUNISTISCHE MORAL hab ich dir / Geschenkt zum Frauentag und zum Geburtstag / Bebel. Die drei Grundzüge lern ich dir / Zwei kannst du schon, aus Liebe, und du fragst noch.

Schmulka wirft die Bücher ab.

Schmulka, die Literatur!

Schmulka	Du liebst mich nicht.
Siegfried	Erst müssen wir den Kommunismus aufbauen / Und in der Literatur steht, wies gemacht wird.

Versuchung.

Schmulka	Jetzt oder nie. Auf deinen dritten Grundzug / Pfeif ich, den ich noch nicht weiß, und auf Bebel / Und auf die KOMMUNISTISCHE MORAL. / Ich leb nur einmal, leicht wird keinmal draus. / Das ist mein erster Grundzug und mein letzter / Und

deine Bibeln kannst du selber schleppen. /
Dein Kommunismus, der im Buch steht,
weiß ich / Ob er nicht ausfällt wie der Tanz
am Sonntag / Wenn die Kapelle steckenbleibt mit Regen. / Ich geh. Wenn du mich
wiedersehn willst, mußt du / Eintritt bezahlen. Auf der Leinwand kannst du / Mich
wiedersehn. Seh ich so aus, als braucht
ichs / Von einem, der noch feucht ist von
der Mutter? Geht.

Siegfried Entlarvst du dich, Kulakenbrut?
Schmulka Mein Vater / Ist Mittelbauer.
Siegfried Komm zurück. Dich schluckt / Der bürgerliche Sumpf, wenn du nicht umkehrst. /
Denk an den ersten Grundzug. Noch
ist Zeit.

Schmulka ab.

Ich will, daß sie ein neuer Mensch wird.
Sie will / Daß ich ihr einen neuen Menschen mach erst. / Laß ichs, hat der Verband ein Mitglied weniger. / Tu ichs, hat
er eins mehr zwar oder zwei / In fünfzehn
Jahren und verliert keins, aber / Was ist
ein Mitglied gegen die Moral? / Ich laß es
also. Warum laß ichs ungern? / Als Mitglied hab ich ein Bewußtsein, aber / Der

**Mensch ist ein Ensemble, und als Mensch /
Der ein Ensemble ist, hab ich ein Mitglied /
Das kein Bewußtsein hat. Es ist spontan /
Springt von der Linie ab, versteift sich auf /
Den eignen Vorteil, stellt sich gegen die
Leitung / Stößt die Beschlüsse um. Ein
Widerspruch. / Wo ist die Lösung?**

Sucht in der Literatur.

**Ohne Widersprüche / Gings dreimal
schneller als mit dem Kommunismus. /
Zum Beispiel: war kein Hunger, wieviel
Brot gäbs. / Wieviel Moral, wenn nicht
die Liebe wär. / Ich zieh das Blauhemd aus.
Ja, so wirds gehn.**

Tut es.

**Im Kommunismus wird man weiter sehn. /
Schmulka!**

Rennt ab, ohne Literatur.

IX Wiese. Nacht. / Auftreten Flint und Flinte 1. / Setzen sich ins Gras.

Flinte 1 **Wir waren lang nicht in den Wiesen, Flint.**
Flint **Ja, dreißig Jahr lang.**
Flinte 1 **Einundreißig, Flint.**
Pause.
Du wirst doch nicht dasselbe von mir wolln jetzt / Wie damals, Flint? Es wär auch nicht dasselbe.
Flint **Ja, man wird älter.**
Flinte 1 **Mit andern kannst dus noch.**
Flint **Bleib sachlich, Daß dein leeres Bett dich wurmt / Ich bin der letzte, ders nicht versteht. Bloß: mußt dus / Auf die Straße stelln und ausschrein? Laß die Kirche / Im Dorf.**
Flinte 1 **Ja, und den Pastor in der Köchin.**
Flint lacht, dann
Ich bin dein Mann, mit mir kannst du umspringen. / Das ist das eine. Das andre ist: du kannst mich / Mit mir nicht über einen Kamm schern, ich bin / Die Leute wissens, die Partei hier. Das / Ist, was du madig machst, hackst du auf mich ein.
Zeigt sein Parteiabzeichen.

Flinte 1	Ja, du scheißt drauf, ich solls blankreiben.
Flint	Fünf Jahr im Lager, keine Frau und nichts / Da will man noch was leben, wenn man freikommt.
Flinte 1	Mir war der Schoß auch kein Eisloch die Zeit / Und ich hätt haben können, wonach mir heiß war / Und hab gewartet die fünf Jahre und / Wie du gekommen bist, wars für ein halbes.
Flint	Ich laß dir deine Freiheit, laß mir meine.
Flinte 1	Sagte der Bräutigam nach dem zehnten Kind.
Flint	Ich wärs gern, aber ich bin nicht aus Eisen. / Hab ich gesagt, ich wärs gern? Ich wärs nicht gern. / Zu lang hab ich die Liebe nicht geschmeckt / Zu gut ist der Geschmack mir in Erinnrung. / Die Himmelfahrt für den Proleten wars / Ein Vorgeschmack vom Kommunismus jetzt. / Wir müssen noch allerhand Mist auf die Schaufel nehmen, wenn wir die Welt in einen Garten umbaun wolln aus dem Sturzacker, den sie jetzt vorstellt. / Mein Anteil ist nicht größer als mein Anrecht.
Flinte 1	Der rote Flint, der rote Schürzenjäger.

Flint Nenns wie du willst. Es ist auch das: gegen Kapp hat schießen genügt, Kimme und Korn auf eine Junkerfresse und Schuß nach dem Exerzierreglement, gelernt für den Kaiser mit der Flinte von Krupp. Das war einfach. Dann hat uns die Rechte ins Pulver gepißt, Ebert und Konsorten, zuletzt mit Hindenburg, dem alten Nachttopf, und Hitler kam und aus der Traum. Kein Unterschied, Kommune oder Sozi: Eintopf mit Stacheldraht. Da mußte einer schon Noske heißen und ihr Bluthund gwesen sein. Der kriegte seinen Knochen: Staatspension. Schwer wars, aber zu verstehn leicht.

Flinte 1 Wer hat dir die Socken gestopft gegen Kapp und das Hemd gewaschen, Essen in den Roten Busch geschleppt vier Wochen, wie die SA dich gejagt haben, und die Zunge zerbissen im Sturmlokal und kein Wort?

Flint Du. Und so ists nicht, daß ich dirs vergeß. / S ist aber so, weil wir jetzt oben sind / Daß ich auf mehr zu sehn hab als auf zwei. / Keine Regierung drüber, selber sind wirs / Und Pieck ist Trumpf, und Macht macht Sorgen. So stehts.

Der Staat lenkt sich nicht aus dem Handgelenk wie ein Ochse. Bergab vielleicht, da hat der Stein Beine, aber bergauf geht unsre Richtung. Und so sieht er aus, unser Staat: zusammengeflickt mit eignen Resten aus zwölf Jahren Heil und zwei Kriegen, nach einer Vorlage, die nicht auf unserm Mist gewachsen ist. Und wir haben ihn nicht selber demontiert, da haperts bei der Montage. Schnell ist ein Teil falsch eingepaßt, auswechseln dauert, und es muß in voller Fahrt sein, wenn der Karrn steht, klaun sie uns die Räder. Da raucht der Kopf. / Du kannst nicht schwimmen? Da ist Wasser. Spring. / Du hast den Hals riskiert beim Flugblattstreun / Jatzt mach gesetze, Junge. Hast das Maul / Gehalten vor den Gummiknüppeln eisern / Red jetzt. Du kannst nicht? Was du nicht kannst, lern / Im Schnellgang. Alles mußt du wissen, und / Das auch noch: wenn du alles weißt, es langt nicht / Wenns bei dir bleibt. Sä aus, was du im Kopf hast. Agitation und Feldbau, Viehzucht und Klassenkampf. / Vom Gaul auf den Trecker, vom Acker

ans Schaltbrett. Zwei Hände sind zu
wenig. Hab ich mehr? / Schlau sein wie
tausend Mann, mit einem Kopf. / Da
brauchst du eine Frau, die selber Geist
hat. / Wenn ich die noch mitschleppen
muß, wo bleib ich? / Das ist nichts gegen
dich, woher sollst dus haben?

Flinte 1 Ja, schlau wie tausend Mann, ich bin die
Dumme. / Hat dir mein Kopf heiß ge-
macht / Solang ich dir woanders heiß
genug war? / Und woher soll ichs haben,
wenn von dir nicht? / Und wo hast dus
her? Wer hat den Kindern das Brot aus
den Zähnen gezogen für Bücher? Du hast
die Weisheit mit Löffeln gefressen.
Ich hab den Müllschlucker gemacht auf
dem Gut. / Hättst du die Tochter vom
Baron genommen / Wenn du Staat
machen willst, statt seine Stallmagd. /
Arbeiter immer, aufm Gut für Taglohn /
Daheim für nichts und wenig gute
Worte. / Kinder austragen, in die Welt
schrein, aufziehn / Bis mir die Brust
vorm Bauch hing, auch für nichts. / Ein
altes Weib, nach dem kein Hahn kräht,
Zielscheib / Für Witze, abgeschoben für

ein frisches / Fleisch jetzt, mit dem du
deinen Spaß hast. Ich / Hab auch bezahlt,
und mehr als ich herauskrieg.

Flint Du weißt zu wenig. Das macht sauer.
Lern was. / Ich sage: was ich weiß, macht
mich nicht heiß. / Du denkst, dein Kopf
ist was zum DurchdieWandgehn / Und
was du in den Sand steckst, wenn die
stehnbleibt. / Was Imperialismus ist zum
Beispiel, weißt dus?

Flinte ab, von Flint unbemerkt.

Kapitalismus nämlich, wenn er stinkt. /
Lenin hats rausgekriegt, und tausend
Bücher / Was sag ich, hunderttausend
Bücher hat er / Auslesen müssen, eh ers
rausgekriegt hat. / Wenn du mit Lernen
anfängst, gilt kein Aufhörn.
Da gibts die Widersprüche zum Beispiel.
Da lernst du schon nicht aus. Der Imperialismus und wir, das ist ein Widerspruch, der ist antagonistisch. Das heißt:
kein Pardon wird gegeben. Das heißt: er
uns oder wir ihn. Das heißt: wir ihn. Was
unsern Streit angeht: der ist nicht antagonistisch. Verstehst dus? Was du nicht
verstehst, frag. He, warum fragst du

nicht? Willst du dumm bleiben? Bemerkt, er ist allein, steht auf. **Weg ist sie. Und ich hab den Mond agitiert. Das ist auch so ein Mitläufer und kleinbürgerliches Element.** Ab.

Umsiedlerin, Fondrak.

Fondrak **Der Mond ist dicker geworden, du auch.** Die Frau im Arm, hinter ihrem Rücken Bier trinkend **Das Bier nicht leider. Vier Jahr Frieden und noch keine zwölf Prozent.** Die Frau macht sich los. **Ein Kriegsgrund. Hast du viel an unterm Kleid? Kann sein, der Rasen zwischen uns wird Staatsgrenze plötzlich, man hat schon Pferde kalben sehn aus Politik, du stehst in Rußland ohne einen Schritt, ich in Amerika, und Kinder machen auf dem Grenzstrich ist Export und verboten, Einfuhr wird auch bestraft. Wenn ich bloß nach deiner Brust greif, wird schon geschossen.** Setzt sich. **Kann sein, mich trifft der Schlag eh ich hier aufsteh. Oder ein Stück von einem Stern, der vor dreitausend Jahren geplatzt ist, dich auch. Oder der Boden, mit Füßen getreten seit Adam, von Vieh und Fahrzeug strapa-**

ziert, mit Bomben neuerdings, reißt, warum soll er halten, nichts hält ewig, ein Loch kommt zum andern, und wir gehn ab, dem alten Griechen nach, der in den Krater gesprungen ist, weil ihm kein Bier mehr geschmeckt hat, ich hab seinen Namen vergessen. Oder die Schwerkraft setzt aus, der ganze dreckige Stern kommt ins Schleudern, und wir machen die Himmelfahrt gleich, ohne den Umweg durch die Würmer. Kann sein, der Stern trifft einen andern, Flint zum Beispiel, der mir einen Hof anhängen will, oder Krüger, die Trichine, der von meinem Durst lebt. Kann sein, die Schwerkraft setzt nicht aus, der Boden hält noch eine Weile, warum soll er reißen, wenn er so lang gehalten hat, aber wie lang halt ich, das Sterben ist dem Menschen angeborn, der Wurm hat den Oberbefehl: Nimm deine Knochen zusammen, Fondrak, und zieh dein Fleisch aus.

Umarmung. Ein Pärchen geht vorbei.

Was kommt, geht wieder. Hitler hat zwölf Jahr / Gedauert und ging auch vorbei. Bleib liegen. / Wenn du dir schon den Tag versaun mußt, acht Stunden / Mit Arbeit und für andre, die Nacht gehört mir. / Und die ist kurz genug und aus, wenns hell wird / Und in der Sonne springt kein Bock in Preußen. / Im Gras ist auch mehr Platz als bloß für drei.

X Wiese, Tag. / Niet. Bäuerin. Niet nimmt Laken von der Leine. Bäuerin zählt. Detonation. Henne und Heinz schleppen einen Traktoristen auf die Bühne.

Henne
: Er ist mit dem Traktor auf eine Mine gekommen auf meinem Feld. Wir brauchen was Leinenes, daß er nicht ausblutet, bis der Doktor kommt.

Bäuerin
: Hab ich die Mine gelegt? Ist es sein Feld?

Heinz
: Sein Bein.

Traktorist
: Wenn mir der Knochen demontiert wird, Leute / Für dein Scheißfeld, schlag ich euch alle tot. / Mit der Prothese.

Heinz
: Sonst noch alles dran?

Traktorist
: Die Zukunft ist gesichert, wenn du das meinst.

Niet zerreißt ein Laken.

Bäuerin
: schreit **Mein Laken!** Niet verbindet den Traktoristen. **Ich kann kein Blut sehn. Die kanns.** Henne und Heinz ab mit dem Traktoristen. **Das Laken geht vom Lohn ab, daß Sies wissen.**

Niet
: **Ja.**

XI Dorfstraße / Ein Traktorist, betrunken, liegt im Weg und schnarcht. Ein Bauer fällt über ihn.

Bauer **Habt ihr gefeiert?**
Traktorist **Hast du was dagegen?**
Bauer **Nein.**
Traktorist **Dein Glück.**
Der Traktorist will ab, der Bauer hält ihn mit einer Zigarre auf, der Traktorist will mit der Zigarre ab, der Bauer gibt ihm Feuer, der Traktorist raucht und will ab, der Bauer gibt ihm noch zwei Zigarren.

Bauer **Es bleibt in der Familie.**
Traktorist kommt zurück, umarmt ihn **Bist dus, Schwiegervater? Daß so ein Knochen so ein Fleisch abwirft. Hast du mehr davon? Ich sammle.**
Bauer **Ich hab nichts gegen einen Traktoristen in der Familie, und Beleidigungen überhör ich, wenns in der Verwandtschaft bleibt. Aber das ist meine Meinung: wer meine Tochter pflügen will, der soll mein Feld nicht liegenlassen.**
Traktorist zieht einen Packen Fotografien aus der Gesäßtasche **Soviel Pferde hat mein Stall.**

Bauer nach langem Suchen, zeigt **Das ist sie. Und du fährst gut mit ihr. Ich hab ihre Mutter schon zwanzig Jahre und sie arbeitet noch für drei.**

Traktorist steckt die Fotografien wieder ein **Sackgasse. Was ich von ihr brauch, hab ich ohne Papier.**

Bauer **Treibs nicht zu weit. Ich bin auch ein Mensch und hab meine Grenze.**

Traktorist **Wenn du ein Mensch wärst, würdest du mich in den Arsch treten jetzt. Ein Sklave deiner Liegenschaften, ein Knecht des Privateigentums, ein Opfer des Kapitalismus, ein rothaariger Widerspruch, ein Produktionsverhältnis, das bist du. Und statt daß du mich in den Arsch tritts, wirst du deine Brieftasche vom Arsch ziehn jetzt und mir einen Zwanziger auf die nackte Hand, damit ich morgen deinen Acker pflüg außer der Reihe** Der Bauer tut es **oder übermorgen, und einen Zehner auf die andre, damit ich gerade pflüg.** Der Bauer tut es, der Traktorist geht ab, kommt zurück. **Ich mag Wellfleisch. Was gibts zu essen, wenn ich pflügen komm?**
Schweigen.

Bauer finster **Wellfleisch.**

Der Traktorist geht pfeifend ab. Auftritt mit offener Bluse die Schmulka.

Wie läufst du herum? Knöpf deine Bluse zu.

Schmulka **Mir ist nicht kalt. Hast du den Traktorist gesehn?**

Bauer zeigt **Da.** Schmulka will ihre Bluse zuknöpfen.

Laß auf, wenn dir warm ist.

Vater und Tochter nach verschiedenen Seiten ab. Heinz und Siegfried mit einer Schubkarre, darauf Bücher.

Zwei Bauern.

Heinz **Wie wärs mit einem Buch, Kollegen? Die Kultur kommt aufs Land und die Wissenschaft. Das Buch ein Hebel zum besseren Leben. Kostenlos.**

Bauer 1 **Beim Packen für HeiminsReich war Platz in meinem Rucksack für die Bibel oder Speck. Rat was ich eingepackt hab.**

Heinz **Die Bibel.**

Lachen. Der zweite Bauer nähert sich den Büchern.

Bauer 1 **Bleib von den Büchern weg, ich warn dich. Du hältst den Kopf ins Buch, und wenn du ihn herausnimmst, hast du dich um den Verstand gelesen und vermachst der Soli-**

darität deine zweitbeste Sau. Bleib weg, mit der Kultur ist nicht zu spaßen.

Bauer 2 Habt ihr das Buch »Kartoffelernte ohne Saatkartoffeln«?

Die Bauern lachen.

Heinz **Nimm das.**

Bauer 2 liest **»DIE FURCHEN SINGEN. Ein sozialistischer Bauernroman«.** Wenn ich Musik will, hab ich Radio. Nimmt ein anderes Buch auf, liest **»DAS MORGENROT DES TRAKTORISTEN. Fünf Gesänge«.** Sein Frühstück wär mir lieber. **Fünf Gänge.** Geht von den Büchern weg.

Umsiedlerin geht vorbei. Sie trägt einen Korb mit Wäsche.

Heinz **Zum Kind das Buch, damit es intelligent wird / Oder Minister.**

Niet **Ich hab keine Hand frei.** Ab.

Auftritt Flinte 1.

Flinte **Habt ihr ein Buch von Lenin?**
Siegfried **Wir haben alle Bücher.**
Bauer 2 **Seit sie allein schläft, legt sie sich auf Bücher.**

Heinz gibt der Flinte ein Buch.

Flinte **Empiriokritizismus, was ist das?**
Heinz **Romane hat er nicht geschrieben.**

Flinte ab mit dem Empiriokritizismus. Auftritt Beutler.

Beutler **Alles von Stalin.**

Heinz packt ihm Bücher auf, Beutler will ab.

Heinz **Wart, es kommt noch mehr.**
Bauer 1 während Heinz und Siegfried Beutler weitere Bücher aufpacken **Rot wird wers braucht.**
Beutler **Mach du den Bürgermeister. / Ein Wort und auf der Stelle tret ich dir / Mein Amt ab und den Posten Politik hier. / Wenn ihr für euern Vorteil Augen hättet / Kein Blatt von dem braucht ich allein zu schleppen. / Mir reicht auch Wellfleisch besser als Papier. / Für euch, ihr Ochsen, kürz ich meinen Nachtschlaf / Und les mir eine Brille an mit Stalin / Einer für alle. Und besser stands mit allem / Wenn alle für den einen auch einständen / Bei passender Gelegenheit.**

Beutler ab, bis über den Kopf bepackt mit Büchern. Auftritt in neuer Westkluft Sieber.

Heinz **Der Amerikaner kommt.**
Siegfried **Der Eierschieber.**
Heinz **So alt und geht noch auf den Strich.**
Sieber **Blaupinne.**
Heinz **Kannst du noch Deutsch?**

Sieber	Besser als Russisch, Pimpf.
Siegfried	Soll ich dir sagen, was du bist? Der Bandwurm / Im Fleisch der Republik –
Sieber	Ein magrer Happen.
Siegfried	Du sorgst dafür. Und daß du abgeführt wirst / Bei der nächsten Wurmkur, Finne, dafür sorg ich.

Sieber zieht eine amerikanische Zigarettenpackung.

Sieber **Zigarette?**

Die Bauern gehn wie an Schnüren gezogen auf Sieber zu und bauen sich vor ihm auf. Heinz verläßt den Bücherkarren und geht ebenfalls, die Hand nach einer Zigarette ausstreckend, auf Sieber zu.

Sieber **Wir nehmen nicht von denen.**

Heinz *steckt die Hand in die Tasche*
Kein Stück.

Siegfried **Und wenn du denkst, du kannst dich bilden / Umsonst, Blindgänger, aus volkseignen Büchern / Vom Westen die Schale, vom Osten der Kern –**

Heinz **Langsam / Du drückst die falsche Tube, Literatur / Ist für die Blöden, Bücher kriegt wers braucht.**

Siegfried	Wenn er die Amerikanerkluft nicht auszieht / Kein Buch.
Sieber	Die Weisheit könnt ihr selber löffeln. / Ich hab was Bessres. Illustriert und wahr.

Er zieht eine Westillustrierte.

Hier.

Bauer 1 liest **ZONENWIRTSCHAFT BRICHT ZUSAMMEN!**

Bauer 2 **Wann?**

Bauer 1 **Das steht nicht drin.**

Heinz und Siegfried lachen.

Bauer 3 **Zähls an den Löchern ab / Die du dir in den Gurt bohrst wochenweise / Der dich zusammenhält seit der Befreiung. / Im Kommunismus steht die Hose leer.**

Vorbei.

Sieber **Nicht meine.**

Lachen.

Bauer 1 liest **PANKOFFS TERROR DEZIMIERT DIE BAUERNSCHAFT**

Bauer 2 **Fall um, Franz, du bist tot.**

Bauer 1 **Was ist das, Terror?**

Heinz **Eine Hunderasse.**

Bauer 1 *zeigt in die Zeitung* **Der lebt nicht schlecht, der Hund.**

Bauer 2 **Was für ein Hund?**

Bauer 1　Der Pudel von der Gräfin Mariza. / So leben da schon die Hunde.

Bauer 2　Und die Grafen.

Bauer 1　Wenn dort ein Graf schon wie ein Graf lebt, hier / Versetzen sie für Speck den Vatermörder. / Da möcht ich wissen, wie der Bauer tafelt.

Bauer 2　Milch saufen die schon nicht mehr, das ist unfein. / Die baden drin.

Bauer 1　Die Bauern?

Bauer 2　Filmschauspieler.

Bauer 1　enttäuscht **Wenigstens eine Zeitung, wo was drinsteht.**

Auftritt Treiber, von Henne verfolgt, der eine Liste und einen Bleistift in der Hand hält.

Henne　**Du bist auch für den Frieden, Treiber, denk ich.**

Treiber　Ja, für den Frieden sind wir gut genug.

Henne　**Auf einem Bein kann er nicht stehn, der Frieden.**

Treiber　Dein Frieden ist nicht meiner. Ich erlaß dir / Von deiner Saatkartoffelschuld die Hälfte / Und du steckst deinen Wisch ein und erläßt mir / Die Unterschrift.

Henne　**Der Frieden geht dir auch / Vor Saatkartoffeln. Treiber, denk ich.**

Treiber Ja. / Ich unterschreib den Frieden, und übers Jahr heißts: / Wer für den Frieden ist, in die Kolchose! / Und: du hast unterschrieben, Treiber, wirds bald.

Henne Mir geht der Frieden vor den Saatkartoffeln.

Treiber Sags euerm Solleintreiber, wenn er dir / Das Fell abziehn kommt, weil dein Soll nicht eingeht / S ist für den Frieden, daß dein Soll nicht eingeht / Und agitier mit dem Gerichtsvollzieher / Den ich dir aufn Hals schick nach Kartoffeln. Ab.

Henne steckt Liste und Bleistift ein. Pause. Dann nimmt Henne die Liste wieder aus der Tasche und nimmt die Verfolgung wieder auf, die Bauern hinterher, neugierig auf den Ausgang. Glocken.

Siegfried **Jetzt müssen wir die Bücher selber lesen.**

Heinz und Siegfried mit dem Bücherkarren ab. Auftritt Fondrak.

Fondrak **Durst, heb dich weg.**

Trinkt eine Flasche leer.

Das war die letzte Warnung. Ich bin auch bloß ein Mensch, lieber Mörder als Leiche. Einen feuchten Tod sollst du kriegen, Durst, und einen langen.

Kehrt seine Taschen um: leer. **Das wird ein trockner Sonntag.** Ein Bauer tritt auf. Fondrak bedroht ihn mit der Flasche. **Zahl oder stirb.**

Bauer **Vielleicht zahlt die Versichrung was auf meine Leiche.** Ab.

Auftritt ein Christ.

Fondrak **Bruder, was hältst du von den zehn Geboten? / Du kannst zwei Leben retten, gib mir Geld / Wenn dir an deiner Seele liegt, für Bier.**

Christ **Mir liegt an deiner auch, ich geb dir kein Geld.**

Fondrak **Da geht er hin, die Hose voll Papiergeld / Und auf der Seele einen Mord, ein Christ!**

Christ **Dir könnts nicht schaden, Fondrak, wenn du mitgingst.**

Fondrak **Ehrt mich, aber ich hab keinen Hunger auf den Leib des Herrn, er ist mir zu mager, und keinen Durst auf sein Blut, es ist mir zu dünn. Kein Wunder, zweitausend Jahre zehrn sie von ihm, ich frag mich, wie lang er noch vorhält. Wenn er das Bier erfunden hätte, vielleicht wär ich auch fromm. Aber der Mensch hat den Himmel auf Flaschen gezogen.**

Christ Er hört dich!
Ab. Ein Bauer.
Fondrak Hast du Humor? Ein Bier ein Witz. Schweinische kosten doppelt, es ist Vergnügungssteuer drauf. Die politischen auch, das ist die Gefahrenzulage.
Flint kommt mit dem Fahrrad.
Jetzt schlagen sie auf, der Rote Oktober kommt.
Pfeift die Internationale.
Flint Du bist mir eine Antwort schuldig, Fondrak.
Fondrak Ich hab mehr Schulden. Mir zum Beispiel schuld ich / Ein Bier seit gestern. Flint, was ist dir lieber: Ein Katholik mehr oder eine kleine / Investition? Noch eine Stunde Durst / Und ich verschreib den Pfaffen meine Seele. / Willst du das, Flint?
Flint Mein Angebot gilt noch. / Und wenn du Boden hast, hast du auch Bier.
Fondrak Mit Schweiß vermengt, der mir den Magen umdreht.
Flint Wenn dir dein Schweiß nicht schmeckt, sauf Wasser, Fondrak.
Fondrak Ein Bier und vor dir steht ein Kommunist, Flint.

Flint Ein Parasit steht vor mir.
Fondrak **Du verkennst mich. / Zeig mir ein Mausloch und ich fick die Welt. / Ich bin ein geistiger Mensch, Flint, Bier ist Geist / Der Geist erhebt den Menschen übers Tier / Die Arbeit wirft ihn unters Vieh zurück.** Stoppt einen Bauern, der vorbeigeht. **Nimm den zum Beispiel, Ist das noch ein Mensch? Er kann keine Hand mehr aufmachen, krumm.** Demonstriert es. **Sein Buckel auch. Noch zehn Jahre und er geht auf vieren wieder wie sein Vorgänger bei Darwin. Arbeit ist ein Verbrechen gegen die Menschlichkeit. Der Mensch ist zum Leben geborn, ich will mich in Freiheit besaufen, auf den Boden scheiß ich. Jeder nach seiner Fähigkeit, schreibt deine Zeitung. Und nach dem Bedürfnis. Du kennst mein Bedürfnis, du kennst meine Fähigkeit. Lügt deine Zeitung? Ein Bier oder ich zeig dich an, Flint, wegen Feindpropaganda.**
Flint Jeder nach seiner Leistung, das hast du vergessen. Die Bedürfnisse kriegen wir später.
Fondrak Ich bin meiner Zeit voraus, ich hab sie schon. Und ein Einzelvertrag steht mir zu,

	wenn die Leistung bezahlt wird. Überzeug dich an der Theke. Aber geh zur Bauernbank vorher, es kann einen Tausender kosten. Wieviel hast du mit?
Flint	Fünf Hektar.
Fondrak	Im Ernst, Flint. Was war zuerst: der Durst oder das Bier? Ich sage: das Bier, die Welt muß verbraucht werden. Du machst den Gaul, schweißtriefend für die bessre Menschheit. Was bist du am Ende? Erde, die jeder bescheißen kann. Ich sage: mich gibts nur einmal, kein andrer hat meine Hand.
Flint	Wo hast du sie her? Ich kann mich auch an meiner Nase abzähln. Die halbe Menschheit hat sich abgeschunden im Kollektiv für deine individuelle Hand. Wenn du dich zurückverfolgst durch deine Eltern, die Verwandschaft hört nicht auf, wo du hinspuckst, liegt der Dreck, dein Ernährer auf dem Transport durch die Zeiten. Wenn du nicht arbeiten willst, leg dich gleich dazu. Länger als die Hose hält, hast du die Hand nicht in der Tasche, und wenn dir das Gras aus dem Bauch wächst, hast du keinen Durst mehr. Überzeug dich in der

	Pfütze: im Gesicht bist du schon grün. Siehst du das Unkraut in den Nasenlöchern?
Fondrak	Solche Reden schlagen mir auf die Blase, Flint. Da sitzt bei mir die Seele. Aber was willst du, mit mir hört die Welt auf. Der liebe Gott hat sie verlorn beim Nagelputzen. Unter den Daumennagel, wenn wir alle Minen springen lassen, paßt sie wieder. Es wird eine Zeit kommen, Flint, wo der Mensch die Planeten hinter sich wegsprengt einen nach dem andern, wenn er sie ausgepowert hat oder zum Spaß, wie Casanova die Weiber. Welten gibts viel. Ob der Ochse aus Rindfleisch gemacht wird hier oder aus Wellblech in der andern, ob der Mensch ein Herz hat oder eine Düse, ob er mit Eiweiß betrieben wird oder mit Vitriol, wo ist der Unterschied?
Flint	Dir müßte man das Maul versiegeln, Fondrak.
Fondrak	**Mit Bier.**
	Niet, mit Wäschekorb.
	Der rote Flint will mich zum Bauern machen. Erst kriegst du: Umsiedlerkredit, eine Bauernstelle, einen Posten. Dann

wirst du zugeschnitten, was nicht in den
Topf paßt, ab, und wenns der Kopf war.
Zum Beispiel wenn du gern ein Bier zu viel
trinkst oder zwanzig, oder du willst eine
Fabrik aufmachen, eine Brauerei zum Beispiel. Gleich kommen sie mit IchbinBergmannweristmehr oder Bauauf Bauauf.
Wenn du verhungern willst, fällt die Fürsorge über dich her. Diktatur. Zu Flint
Probiers. Schreib an die Wand: Kommunismus ist Scheiße, Heil Hitler. Die Polizei
kommt gleich, du kannst drauf warten.
Keine Freiheit. Zu Niet Ich brauch Geld.
Niet gibt. Ich brauch mehr.

Niet Ich gebe nicht mehr. Ab.
Fondrak Ich hab ihr ein Kind gemacht. Das ist der
Dank. Pißt. Das Bier. / Verläßt den Menschen auch, wie alles Schöne. / Was ist
die Welt, Flint. Viel Geschrei / Um einen
trocknen Mist, der stinkt bei Regen.

Auftritt Pastor, sein Motorrad schiebend.

Pastor Ein Motordefekt. Würden Sie mir Ihr
Fahrrad borgen? Ich kann die Gemeinde
nicht warten lassen. Sie hat schon drei
Wochen gewartet auf Gottes Wort. Ein
Prediger für drei Gemeinden.

Flint   Einer zuviel. Ich würde gern einspringen, aber ich hab auch drei Dörfer.

Pastor   Ja. Würden Sie mir jetzt Ihr Fahrrad borgen?

Flint   Es ist ein atheistisches Fahrrad.

Pastor   Gott sieht nicht auf das Rad, er sieht auf den Fahrer.

Flint   **Wie ich.** Will ab mit dem Fahrrad.

Pastor   **Ihre Partei denkt anders darüber, mein Herr, soweit ich unterrichtet bin.**

Flint   steigt ab, gibt ihm das Fahrrad **Leider. Ich verrate die Revolution aus Parteidisziplin. Das Herz ist nicht dabei.**

Pastor   **Das wäre auch zu viel verlangt. Ich werde für Sie beten.** Flint ab.

Fondrak   hält den Pastor auf **Ich brauche einen Motor nur scharf anzusehn.** Tut es. **Es dauert länger. Sie müssen eine Anzahlung leisten, das deutsche Handwerk ist ein Faß ohne Boden.**

Pastor   **Nach der Reparatur.**

Fondrak   **Kassiert ihr die Kirchensteuer etwa nicht vor der Leistung und treibt mit unserm Angstschweiß eure Mühle? Kein Mensch weiß, wie seine Seele aussieht nach der Reparatur.**

Pastor ab. Fondrak repariert das Motorrad.
Auftritt Sollerfasser.

Erfasser **Ist das Kraftrad verkäuflich, mein Herr?**
Fondrak **Das kommt darauf an, wo du damit hinfahrn willst, mein Junge.**
Erfasser **Westen.**
Fondrak **Fünfhundert. Soll ichs einpacken?**
Erfasser **Fünfhundert ist zuviel.**
Fondrak **Du kannst bei mir als Misthaufen arbeiten, ich krieg eine Großbauernstelle.**
Erfasser **Reden Sie mir nicht von Bauern. Erst hab ich sie zu mild behandelt, dann hab ich sie zu grob behandelt, dann wieder zu mild, dann wieder zu grob. Reden Sie mir nicht von Bauern. Hier sind die Fünfhundert. Zählen Sie nicht nach?**
Fondrak **Nein.**
Erfasser **Wie fährt man damit?**
Fondrak **Hier setzt du dich drauf, hier hältst du dich fest, da trittst du.**
Erfasser tut es, im Fahren **Und wenn ich halten will?**
Fondrak **Such dir einen Baum aus oder eine Mauer. Was du willst. Es kann auch ein Heuschober sein für den Anfang. Auf dem Mond wirst du damit nicht landen.**

Erfasser ab.

Wasser in Wein verwandeln, das kann
jeder / Doch die Verwandlung einer christ-
lichen / Vierhundertfünfziger BMW in
Bier / Verehrtes Publikum, sehn Sie
nur hier.

XII Nacht, Feld. / Bauer, Traktorist. Der Bauer mißt mit einem Holz die Furchentiefe, der Traktorist raucht.

Traktorist Was ist? Soll ich dir Schützengräben pflügen? / Auf deinem Rübenbeet, die Kuh pißt weiter / Ich schon der Gaul verschwendet. Mit dem Traktor / Bin ich in der Minute übern Grenzstein. / Wenn ihr zusammenschmeißt, wärs leichter.
Bauer Dir.
Traktorist Red ich von mir? Der Traktor, Mensch, braucht Auslauf / Dem schlagen eure Beete auf die Brust. / Hast du kein Herz für einen Motor, Junge? / Mich juckt dein Feld nicht, wenn er aussetzt, ich / Reiß meine Stunden in der Kneipe ab / Und wenn ich voll bin ists auf deine Kosten.
Bauer Der Nachbar wird mir sein Feld nicht abtreten.
Pause.
Traktorist In einer Nacht wie heute, Vollmond auch / Haben wir einen ungebracht in Rußland / Zu dritt auf einem Maisfeld groß wie Sachsen / Ein Bauer wars. Warum? Ich habs vergessen. / Das hab ich nicht ver-

gessen: wie der Alte / In seinem letzten Rennen noch drauf sah / Daß er den Mais nicht umtrat. Wir sahn nicht drauf. / Wir jagten ihn, und eine kurze Jagd wars / Er immer um den Mais herum, wir drüber.

Bauer Kolchose?

Traktorist Ja. / Wir hatten Schnaps, der Leutnant war bei Laune / Er sagte: sagt dem Bolschewiken, weil mir / Sein Bart gefällt, erlaub ich ihm, daß er / Sein letztes Loch auf seinem eignen Feld schippt. / Wir fragten, wo sein Feld ist. Sagt der Alte: / Hier alles mein Feld. Wir: wo sein Feld war / Eh alles kollektiv war. Der zeigt bloß / Wie ein Großgrundbesitzer ins Gelände. / Wo kilometerbreit brusthoch der Mais stand. / Der hatt wo sein Feld war glatt vergessen.

XIII Dorfkrug / Krüger. / Heinz und Siegfried
bringen ein Spruchband an.

Siegfried **Wir brauchen kein Akkordeon, sagt der Kreis / Für drei Mitglieder.**
Hienz **Und der Sekretär / Braucht ein Motorrad. Hast du ihm gesagt / Daß keiner kommt, wenn kein Tanz ist?**
Siegfried **Er fragt / Warum wir sie nicht aufklärn.**
Heinz **Mit dem Kamm? / Gestern hab ich die Schmulka aufgeklärt.**
Siegfried **Die Schmulka? Von der Schmulka laß die Finger.**
Heinz **Dein Argument geht ihr wohl besser ein?**
Siegfried **Ich sag dir: laß die Finger von der Schmulka / Oder ich sags dem Kreis.**
Heinz **Sags ihm.**
Siegfried **Das ist / Der bürgerliche Sumpf. Du bleibst drin stecken / Wenn du dich isolierst vom Kollektiv.**

Auftritt ein Fremder.

Krüger **Bier?**

Der Fremde nickt.

Bestellen Sie gleich noch eins. Hier ist Versammlung heute. Lange können Sie nicht bleiben, wenn Sie nicht von hier sind.

Der Fremde schweigt. Heinz und Siegfried
haben das Spruchband angebracht. Sie betrachten
es prüfend. Der Text lautet: VORWÄRTS
ZUM KOMMUNISMUS

Fremder **Euer Kommunismus hängt zu früh.**
Siegfried **Uns nicht**
Krüger **Ich bin ganz Ihrer Meinung, mein Herr.** Zu Heinz und Siegfried **Wer nichts hat, der hat auch nichts zu teilen. Kommunismus!** Lacht.
Fremder **Ich glaube nicht, daß wir einer Meinung sind.** Auf den Text zeigend zu Heinz und Siegfried **Eure Erfindung?**
Siegfried **Auftrag vom Bürgermeister. Erfindung von Karl Marx.**
Fremder **Mit zwei Traktoren? Was sagt die Partei dazu?**
Siegfried **Wollen Sie damit sagen, die Partei ist gegen den Kommunismus und gegen Karl Marx wie Sie vielleicht?** zu Heinz **Ein Provokateur.**
Heinz **Oder der Landrat.**
Siegfried **Mit kahlem Revers?**
Fremder **Kann mir einer den Weg zur MAS zeigen?**
Siegfried zu Heinz **Was hab ich gesagt? Ein Agent. Dem werd ich den Weg zeigen.** Zum Fremden **Was wollen Sie denn auf der MAS?**

Fremder Ich interessier mich dafür.
Siegfried Das kann ich mir denken. Warum interessieren Sie sich für die MAS?
Fremder Ich interessier mich für manches. Das hat mit meinem Beruf zu tun.
Siegfried zu Heinz Beruf sagt er dazu. Vergiftet unser Vieh, steckt unsre Scheunen an, sprengt Brücken und Talsperren und sagt Beruf dazu. Dem häng ich eine Berufskrankheit an. Lebenslänglich. Zum Fremden Was haben Sie denn für einen Beruf?
Fremder Maschinenschlosser.
Heinz Ist das Ihr Auto draußen?
Fremder Ich bin damit gekommen.
Siegfried zu Heinz Ob er damit wegfährt, steht auf einem andern Blatt.
Heinz Dann erzählen Sie uns nicht, Sie sind Maschinenschlosser.
Fremder Und warum nicht?
Siegfried Ein Schlosser hat kein Auto. Wir sind noch nicht so weit. Ich rede von ehrlichen Schlossern.
Fremder Vielleicht bin ich wirklich zu früh dran. Zur MAS rechts oder links?
Siegfried Links.
  Der Fremde ab.

Heinz — Warum sagst du links, wenns rechts ist?
Siegfried — Er kommt früh genug hin. Inzwischen schlagen wir Alarm. Wenn er links fährt, muß er bei Rammler vorbei. Soll er dem das Vieh vergiften.
Heinz — Kühe sind klassenlos.
Siegfried — Ich bins nicht. Kommst du mit?
Heinz — Ja. Aber ich glaub ihm den Agenten nicht. So sehn sie nur im Film aus. Glaubst du Filmen?
Siegfried — zu Krüger **Wenn er zurückkommt, halt ihn fest. / Wir kommen wieder mit Verstärkung.** Beide ab.

Auftritt Fondrak. Bestellt, zahlt, trinkt stumm Bier.

Krüger — **Wo hast du Geld her, Fondrak?**
Fondrak — **Kirchenraub.**

Rammler und Treiber mit Zigarren. Rammler gibt Fondrak eine Zigarre.

Rammler — **Fondrak.**
Fondrak — **Ja.**
Rammler — **Kannst du schreiben?**

Fondrak schreibt.

Treiber — liest **Schei – ße.**
Rammler — **Fondrak / Wir gratulieren dir, du wirst Bürgermeister.**

Fondrak Ehrt mich zu spät. Ich muß zum Amerikaner.
Rammler Da werden wir dich wohl anzeigen müssen.
Fondrak Kann sein, daß ich vor euch sitz. Ihr sitzt länger. Pause.
Rammler gibt Fondrak eine Zigarre. Fondrak gibt Krüger eine Zigarre. Treiber betrinkt sich.
Rammler Du willst nicht Bauer werden. Das versteh ich / Was dir heut angetragen wird, ein Staatsamt / Ist keine Arbeit, sondern eine Ehre. / Was macht ein Bürgermeister? Wenn du mich fragst: / Nichts. Ist das eine Arbeit: der Bevölkerung / Die Wünsche vom Gesicht abzulesen? Und / Wärs eine, wärs nicht deine: ich les dir vor.
Fondrak Beutler?
Rammler Von Beutler ziehn wir unsre Hand ab.
Fondrak Freibier?
Rammler Herr Fondrak trinkt auf unsre Rechnung.
Krüger Ja.
Treiber Früher war ein scharfer Hund genug / Gegen die Hungerleider aus vier Dörfern. / Jetzt muß ich einen Bürgermeister halten / Sonst frißt der Staat mir das Gerippe blank / Der Leviathan. Einen Hungerleider / Der mir den Bissen vor dem Maul halbiert.

	Fondrak lacht.
Rammler	**Sauf, daß du zur Versammlung nüchtern bist. / Ich lad dich ein.**
Treiber	**Ich laß mich nicht einladen. / Ich lad dich ein.**
Rammler	**Ich laß mich auch nicht.**
Treiber	**Bier / Für Rammler.**
Rammler	**Bier für Treiber.**
Treiber	**Noch ein Bier / für Rammler.**
Rammler	**Alles für die Armen. Bier / Für Treiber.**
Treiber	**Ziegenmelker.**
Rammler	**Hüteknecht.**
	Rammler und Treiber schütten einer dem andern Bier ins Gesicht. Auftreten Flint und Landrat.
Flint	**Das sind die Widersprüche im imperialistischen Lager.**
Rammler	**Der Landrat!** Die Großbauern grüßen.
	Auftreten Siegfried und Heinz.
Siegfried	**Da ist er! Wo hast du ihn geschnappt, Flint? Seit halb sind wir hinter ihm her. Im Laufschritt hinter dem Opel, mit dem sie ihn ausstaffiert haben, damit er sich absetzen kann, wenn ihm der Boden zu heiß wird, weil er Feuer gelegt hat. Merkst du jetzt, Maschinenschlosser, wer den langen Arm hat?**

Landrat lacht.

Siegfried **Lange lachst du nicht mehr.**
Landrat **Der Schlosser stimmt.** Zeigt seinen Ausweis.
Siegfried **Ein Arbeiter und läßt sich kaufen! Der Ausweis ist gefälscht. Ein Arbeiter läßt sich nicht kaufen. Hast du die Staatssicherheit schon angerufen, Flint, und ihm die Waffen abgenommen?**
Flint lacht **Nein.**
Siegfried **Was ist? Bist du krank? Willst du ihn laufenlassen? Paktierst du mit dem Agenten, Flint? Kann man schon keinem mehr traun hier?**
Flint **Dein Agent ist der Landrat.**
Beutler **Und jetzt entschuldige dich gefälligst, Rotzer. Sonst ruf ich die Sicherheit an.**
Verbeugung zum Landrat **Beutler, Bürgermeister.**
Landrat **Der Sektierer.**
Beutler **So sagt der Feind.**
Siegfried **Der Landrat! – Beinah wär ich zum Staatsfeind geworden durch Wachsamkeit.**
Auftritt Henne, bleibt an der Tür stehn, steckt sein Parteiabzeichen an.
Landrat **Besser ein Auge zu viel als ein Traktor zu wenig.**

Siegfried   **Kollege Landrat, warum trägst du kein Parteiabzeichen?**
Henne steckt sein Parteiabzeichen wieder ein.
Landrat   **Wie soll ich wissen, ob ihr wachsam seid, wenn ich mein Parteiabzeichen gleich offen trage, vor dem eure Wachsamkeit haltmacht?** Landrat steckt sein Abzeichen an, Henne auch.
Beutler   stellt Henne vor **Neubauer. Sehr verläßlich.** Stellt Senkpiel vor **Mittelbauer. / Man muß ein Auge auf ihn haben. Schwankt.**
Flinte 1
Gnossin Flint. Von ihm hier die Verflossne. / Er hält sich an die Jugend neuerdings. / Kommunist von Kopf bis Fuß. Die Mitte sperrt sich.
Flinte 1   **Dich gehts nichts an.**
Beutler   **Die Wunde ist noch frisch.**
Zeigt Rammler und Treiber. **Kulaken. Bis auf weitres.**
Niet.
Umsiedlerin. / Wohnhaft bei mir.
Heinz   **In seiner Abstellkammer.**
Beutler   lacht **Zum Kindermachen war sie nicht zu eng.**
Fondrak.

**Der Vater, leider, liebt die Flasche mehr. /
Der Rest wird gleich geholt.** Zu Heinz und
Siegfried **Trommelt zusammen / Was Beine
hat und was an Krücken geht. / Nicht alle
Tage hat ein Dorf den Vorzug / Sich zu
beraten mit dem Landrat selber.** Heinz und
Siegfried ab. Zum Landrat **Und wenn der
Berg nicht zum Propheten kommt / Muß
der Prophet ihm in die Speichen greifen.**

Landrat **Genossin Flint, wie lebst du und wovon?**
Flinte **Ich helf mal dem, mal jenem. Davon leb
ich.**
Heinz bringt einen Bauern, der sein Pferd
mitbringt.
Beutler **Jetzt bringt der Frischling einen Gaul an. /
Der Bauer ist dumm genug. Was soll der
Gaul hier.**
Heinz **Alles was Beine hat, hast du gesagt.**
Bauer ohrfeigt Beutler.
Beutler reibt sich die Backe **Haben Sie das gesehn,
Kollege Landrat?**
Landrat **Nein.**
Bauern. Einwohnerversammlung, im Präsidium
Beutler, Flint und Landrat.
Beutler **Die Einwohnerversammlung ist eröffnet.**
Alter Bauer **Weckt mich zum Beifall.**

Landrat	Worauf wartet ihr?
Flint	**Auf dich.**
Landrat	Warum auf mich?
Flint	**Willst du nicht reden?**
Landrat	Ich hab noch nichts gehört, was soll ich reden. / Was in der Zeitung steht? Die habt ihr selber. / Hier sitz ich, weil ich hörn will, was nicht drinsteht. / Sonst kann ich mich im Schreibtisch schlafen legen / Auf dem geduldigen Papier mit euren / Schönfärbrischen Berichten.
Beutler	Nimms dir an, Flint. / Die beste Rede, die ich hier gehört hab. / Besser als du, Flint, weiß der Kollege Landrat / Wie er dem Volk die Zunge löst. Er fährt ihm / Nicht übers Maul breit mit geleckten Reden / Wie du. – Flint ist der Schrecken der Versammlung. / Wenn hier ein Stuhl freibleibt, ists durch sein Mundwerk.
Landrat	**Fangt an.**
Senkpiel	*zum alten Bauern* **Wach auf, Franz.**
Alter Bauer	*wacht auf, applaudiert* **Eine gute Rede.**
	Die andern Bauern fallen in den Applaus ein.
	Flint und Landrat lachen. Schweigen.
Beutler	**Der einfache Mann, Arbeiter oder Bauer / Mit Händen fleißig, ist mitunter maulfaul. /**

Was ihm von Herzen kommt, stockt auf
der Zunge. / Wer lang auf billigen Sohlen
durch die Welt ging / Gar auf den
billigsten, die er von Geburt hat / Dem
geht die Rede schwerer von den Lippen /
Als von der schwieligen Hand die Arbeit.
Mir auch. / Doch hab ichs lernen müssen,
aus dem Stall / Getragen vom Vertrauen
der Bevölkrung / Ins Gemeindeamt.
So drück ich jetzt für alle / Ihnen, Kollege
Landrat, unsern Dank aus / Betreffs der
zwei Traktoren, und die Hand.
Handschlag.

Senkpiel	leise **Es könnten mehr sein.**
Beutler	**Laut. Sags lauter, Senkpiel.**
Senkpiel	**Ich? Ich hab nichts gesagt.**
Junger Bauer	**Es könnten mehr sein / Hat er gesagt.**
Beutler	**Ein unverschämter Mensch. / Ist das dein Dank für die großherzige Schenkung / Kommst du dem Landrat frech, der die Strapaze / Den Weg durch Wind und Wetter auf sich nimmt / Fürs allgemeine Wohl? Wo gabs das vorher? / Wann hat der Staat den Weg zum Volk gefunden? / Es-könnten-mehr-sein. Unverschämter Mensch!**

Flint Wenn du so weitermachst, kannst du zum Film gehn.

Beutler Weil ich den weichen Kurs nicht mitfahr, den du / Steuerst seit kurzem? Ich leg auch das Ohr / Gern an die Masse, Flint. Aber den Kopf / Behalt ich in der Leitung, und den Finger / Am Puls der Revolution, Flint. Ich bin auch / Für Redefreiheit. Aber dafür nicht, daß / Der Feind sie in sein ungewaschnes Maul nimmt.

Landrat *zu Senkpiel* Ich wollt, es könnten mehr sein.

Senkpiel Dann ists gut. / Die Industrie pfeift auf dem ersten Loch / Wenn sie zwei Trecker ausspuckt, ists schon viel / Ich hab zweimal den Krieg verlorn, ich weiß es / Das Schweißvergießen kommt vorm Blutvergießen / Und nach dem Blutvergießen kommts noch dicker. / Ich sag mir aber, wenn ichs nicht sag, daß / Zwei Trecker nicht die Welt sind, sagt leicht einer / Der Ihnen in den Hintern kriechen will / Weil Sies sind oder will vor Ihnen radfahrn.

Landrat Was nicht so leicht ist.

Senkpiel Mancher ist da Künstler. / Und so ein Künstler sagt Ihnen vielleicht / Zwei Trecker sind zu viel für zwanzig Bauern /

Und vielleicht glauben Sies, und uns bleibt einer / Und grau sind wir eh wir den dritten sehn.

Unruhe.

Ein Bauer **Sags.**
Simoneit **Warum ich? Sag dus.**
Bauer **Hier, Simoneit / Will reden.**
Simoneit **Du bist vor mir dran.**
Bauer **Nach dir.**

Fondrak steht auf.

Beutler **Fondrak, Umsiedler.**
Fondrak **Ein Verbesserungsvorschlag: / Bier aus der Wand.**

Bauern lachen.

Den Massen fehlt der Weitblick. / Hitler hats ausgenutzt. Ich wußte gleich / Den blutigen Ausgang, weil der Mann kein Bier trank / Und wer kein Bier trinkt, säuft bekanntlich Blut. / Oder zum Beispiel: wer hätt mir geglaubt / Vor hundert Jahren, daß ich mit Stalin selber / Telefonieren kann, wenn die Leitung frei ist / Und kann ihm sagen, wieviel Wasser der Zeigt auf Krüger **Ins Bier panscht. Und ich tus, Krüger, heut noch.**

Beutler	zu Krüger **Er ist besoffen. Zeig ihm, wo die Tür ist.**

Beutler   zu Krüger **Er ist besoffen. Zeig ihm, wo die Tür ist.**
Krüger   **Ich?**
Landrat   zu Fondrak
Der Verbesserungsvorschlag kommt zu früh. / Wir müssen erst die Wände wieder aufstelln.
Fondrak   **Was ausgeworfen wird, kommt wieder ein. / Rechnen Sie nach, was schon an Holz gespart wird / Für Fässer, Glas für Flaschen, am Transportraum, / Die Wohnungsfrage lösen wir gleich mit: / Wo jede Wohnung eine Kneipe ist / Ist jede Kneipe eine Wohnung mehr. / Und Arbeitskräfte werden frei fürs Bergwerk / Nützlich gemacht der letzte Schädling.** Zeigt auf Krüger **Da / Steht einer. Fleischberg zwischen Mensch und Bier. / Der Höllenhund am Tor zum Paradies. / Denn wo sonst hat der Mensch ein Paradies / Als auf dem Grund der Flasche. Und / Ich machs euch billig. Freibier lebenslänglich.**
Simoneit   steht auf
Simoneit, Umsiedler. / Bauer durch Bodenreform, und neuerdings / Traktorenbesitzer. Nämlich weil die Trecker /

Volkseigentum sind und zum Volk gehör ich / Wie jeder, der hier sitzt und der nicht hier sitzt. / Denn wer gehört nicht gern zum Volk, wo alles / Dem Volk gehört, zwei Trecker in unserm Fall / Zwei Tropfen Naß auf neunzehn heiße Steine. / Und jetzt ist meine Frage: wenn ich / Simoneit, Bauer und Volksgenosse, Mit- / Besitzer also am Volkseigentum / Jetzt meinen Anteil will von meinen Treckern / Das Rad oder die Schraube, die mir zusteht / Was krieg ich? Ein Gelächter. Wenn ich aber / Mir heimlich meine Schraube abschneid, was wird? / Ernst wirds. Drum ist mein Vorschlag der : wir losen / Die Trecker aus, und jeder hat die Chance / Fleisch oder Fisch, wer kriegt, hat und kein Streit mehr. / Die nächsten warten auf die nächste Liefrung / Die übernächsten auf die übernächste / Und das ist in der Frage meine Meinung.
Pause.

Stimmen **Unsre.** Pause.
Die Mehrheit ist dafür. Pause.
Jawohl.
Flint **Die Dummheit.**

Simoneit	**Freie Wahl.**
Flint	**Wenn Dummheit frei macht.**
Beutler	**Volkseigentum wollt ihr verschachern!**
Bauern	**Unsers.**
Beutler	**Seid ihr das Volk? Ich sag euch, was ihr seid / Dem Volk sein innrer Schweinehund, der seid ihr.**

Auf, zum Landrat

Wenn ich zurückkomm, ists mit Polizeischutz. / Könnt ihr solang halten?

Landrat **Setz dich und / Schneid Lose.**

Beifall.

Beutler **Haben Sie gesagt: Schneid Lose?**
Landrat **Ja.**
Beutler **Auch gut.**

Beutler zieht das Gesetzblatt aus der Jacke, reißt ein Blatt heraus, zieht ein Messer, schneidet Lose.

Flint zerreißt sie

Nichts ist gut – Wer bist du, Landrat? / Hast du die Klasse mit der Kluft gewechselt? / Schrumpft dein Bewußtsein, weil dein Sitzfleisch wächst? Kommunist seit zwanzig und jetzt bist dus nicht mehr? / Ich sehs und glaub nicht, was ich seh. Wem trau ich / Den Augen oder deiner Kader-

	akte? / Mancher, der stand im Kampf, fiel nach dem Sieg um.
Beutler	Ja, solche Fälle sind schon vorgekommen.
Flint	zu Siegfried **Beinah glaub ich jetzt, daß du recht hattst, Junge.**
	Zum Landrat
	Ich kann nicht zusehn, wie du unsre Macht / Deine und meine, aus den Händen gibst.
Landrat	**Kennst du mich, Flint?**
Flint	**Nicht mehr.**
	Zu Siegfried **Du weißt die Nummer.**
	Siegfried steht auf, will ab. Bauern halten ihn fest.
Simoneit	**Hier bleibst du, Blauhemd. Wir stehn zur Regierung.**
Siegfried	**Ich kann nichts machen, Flint. Zwölf gegen einen.**
	Setzt sich. Flint schweigt.
Landrat	**Denk schneller, Flint. Wenn dus nicht kannst, denk stumm.**
Beutler	**Ein neuer Kurs, Flint. Ja, man weiß nicht immer / Als kleines Rad, was in der Leitung vorgeht. / Aber man lernt ja schnell. Man revidiert sich.**
Sieber	**Ich bin dagegen.**

Flint Bin ich verrückt? Seid ihrs? / Der Eierschieber ist dagegen, einig / Mit mir, und
auf der Gegenseite du. / Steh ich kopf,
steht die Welt kopf?

Beutler Sie ist rund, Flint. / Und dreht sich. Auf
die Fresse fällt, wer stehnbleibt. Reißt ein
neues Blatt aus dem Gesetzblatt, schneidet
Lose. Flint, du entfernst dich von den
breiten Massen / Bedeckst dich mit der
bürokratischen Kruste / Wie mit dem
Rost das Eisen. Flint, kehr um / Eh dich
das Volk zum Schrottplatz transportiert /
Wie Stalin sagt im dreizehnten Kapitel.

Heinz Im zwölften. Nummer dreizehn steht noch
aus.

Sieber Ich bin dafür, den Trecker kriegt wer
braucht. / Ich brauch ihn. Lachen.

Landrat Sind die Lose fertig?

Beutler Ja.
Verlosung.

Stimmen Henne. Treiber.

Treiber Der Bauer gilt noch was im Staat. Das
Los / In meiner Hand beweist mirs
augenscheinlich. / Der Trecker ist bei mir
in guten Händen. / Und meine Sollablief-
rung wirds beweisen.

Wie lang könnt ihr Spagat stehn? / Auf
einem Widerspruch ist nicht gut reiten /
Wenn er antagonistisch ist: die Kluft /
Verbreitert sich mit jedem Fortschritt.
Aber / Wir warten nicht, bis er euch ganz
halbiert hat / Der Kommunismus braucht
den ganzen Menschen. / Und was der
Kopf / nicht faßt, begreift der Hintern. /
Gott hat euch aus dem Paradies geprügelt /
Wir prügeln euch ins Paradies zurück. /
Ich weiß mich da mit der Regierung eins /
Die der Kollege Landrat hier verkörpert. /
Mit der Partei auch. Hab ich recht, Flint?
Pause.

Flint **Nein.**

Beutler **Gibst du der Massenstimmung nach,
Flint, leugnest / Die Vorhut und die Rolle
der Partei?**

Landrat Ich denke, das genügt.

Beutler **Das denk ich auch.**

Landrat Kollege Beutler hat sich hier gezeigt / Als
blind für die reale Lage, taub für / Kritik,
kalt gegen die Bevölkrung, also / Unfähig
seinen Posten zu bekleiden. / Seine Ge-
schäfte führt bis zur endgültigen / Ent-
scheidung der Kollege Flint, ihr kennt ihn. /

           Ihr habt gesehn, er kriecht vor keinem
           Landrat.
    Flint Beutler hat hier die Frage Kollektivierung /
           Aufgworfen, weil er es eilig hat / Am
           Sozialismus seinen Schnitt zu machen. /
           Ich konnts auch nicht begreifen, warum
           wir / Weil der Maschinenpark nicht
           schnell genug wächst / Auf kleinem Feld
           neue Kulaken aufziehn / Lieber ein Brot
           zu wenig als ein Kulak mehr / War mein
           Gedanke noch vor zehn Minuten. / Mit
           Beutlers Hilfe hab ich umgelernt. / Die
           Macht im Staat ist nicht die ganze Macht /
           Das Bajonett ersetzt nicht die Traktoren /
           Der Mensch hat seinen Kopf nicht für
           den Knüppel / Der Knüppel ist das letzte
           Argument. / Aber zum Bürgermeister
           taug ich nicht.
  Beutler Mir fällts wie Schuppen von den Augen.
           Klar / Erkenn ich jetzt, was ich gewesen
           bin / Ein Karrierist, Sektierer, Opportu-
           nist / Und Ja sag ich und dreimal Ja zu
           eurer / Kritik, Kollegen. Mit einem Vor-
           behalt: / Daß sie nicht hart genug war,
           sondern eine / Schönfärberei. Denn drei-
           mal schwärzer bin ich / Als ihr mich

abgemalt habt. Einen Spiegel: Daß ich
mir selber in die Fresse spein kann! / Ein
Beil, daß ich den Fuß mir abhau, der /
Das Volk bedrückt hat, und die Hand, die
frech / Dem Rad des Fortschritts in die
Speichen fiel. / Her mit der Wand, an der
ich meinen Schädel / Einschlagen kann,
den mir der Feind betäubt hat! / Brich,
Herz, das der Bevölkerung ein Stein war! /
Der Muskel widersetzt sich und schlägt
weiter! / Hier ist mein Messer, Flint. Stoß
zu – Helft mir / Und bringt mich um, eh
mich die Reue umbringt!

Senkpiel **Machs selber.**

Beutler setzt das Messer an

**Nein. Ein neuer Fehler wärs. / Gehört mir
meine Arbeitskraft? Dem Volk / Gehört
sie, und mit Strömen Schweiß will ich /
In aktiver Reue mir den Fleck abwaschen /
Auf einem neuen Posten oder auch / Wenn
die Gelegenheit mir nicht versagt wird /
Als neuer Mensch in meiner alten Stellung.**

Landrat zu Flint

**Ein Bürgermeister taugt nichts, weg mit
Schaden / Und einen bessern her, hier sitzt
auch einer / Ders besser machen könnte,**

	gut vielleicht / Wenn er dazulernt, aber der hat Angst vorm Papierkrieg.
Flint	Angst hab ich nicht, mich kotzt er an. / Die Revolution marschiert und ich, Kommunist / Von Kindesbeinen auf, soll Stühle reiten.
Landrat	Noch reitet sie auf Stühlen, das Papier / Hat Vorsprung, und der Schreibtisch ist die Front. / Wer soll den Bürgermeister machen, Flint?
Flint	Hier weiß ich keinen.
Landrat	Gut. Dann weißt du auch / Daß du jetzt deine eigne Suppe löffelst / Wäre deine Arbeit besser, brauchtest du / Nicht selbst zu machen, was du ungern tust.
Beutler	Das Spiel ist abgekartet, jetzt erkenn ichs. / Aber ich kenn den Weg zu höhren Stellen. / Ich will hier keinem drohn, aber wenn ich / Meine Beziehungen ins Spiel bring, wird / Ein Wind aufkommen, der manch einem hier / Die Trümpfe aus der Hand und ihn vom Stuhl bläst. Setzt sich.
Landrat	steht auf Ich muß jetzt weiter.
Siegfried	Bürgermeister auswechseln.
Landrat	Auch.
	Ab.

Rammler   Obzwar politisch nicht ganz deiner Meinung / Ich sag: nicht ganz, was heißen soll; sehr klein sind / Die Differenzen, groß ist die Einigkeit / Begrüß ich, daß jetzt du den Stuhl nimmst, Flint / Den zu bekleiden Beutler sich unfähig / Gezeigt hat, und in meiner Eigenschaft / Als Mitglied im Gemeinderat erwart ich / Aus unsrer kollektiven Arbeit mir / Für die Gemeinde viel und einen Aufschwung / Zu neuen Erfolgen.

Flint   Der erste wär: Senkpiel setz ich / An deine Stelle im Gemeinderat.

Rammler   Daß ich kein neuer Mensch bin, weiß ich. Aber / Wie soll ichs werden ohne Theorie? / Der die mir vorenthalten hat, sitzt hier.
Hebt Beutler am Kragen vom Stuhl und zieht ihm den Kurzen Lehrgang aus der Tasche.
Der neue Mensch wirds nicht vom Brot allein.

Siegfried   **Der Kurze Lehrgang.**

Heinz   **Du brauchst einen langen.**

Beutler   **Ich geh. Was ihr an mir gehabt habt, wißt ihr. / Ich weiß, was ihr jetzt kriegen werdet: Saures.** *Will ab, stößt an der Tür mit einem Volkspolizisten zusammen.*

Polizist	Ich such den Bürgermeister.
Beutler	zeigt auf Flint **Da** Ab.
Polizist	**Sie sind / Der Bürgermeister?**
Flint	**Ja.**
Polizist	**Dauerts noch lange?**
Flint	**Was ist?**
Polizist	**Verhaftung. Amtsmißbrauch. Ich warte.**
Flint	**Was soll der Zirkus? Wen willst du verhaften?**
Polizist	**Den Bürgermeister. Aber ich kann warten. / Wenns wichtig ist, bis nach dem Schlußwort.**
Rammler	**Kurz / War deine Amtszeit, Flint.**
Heinz	**Dein Bürgermeister / Ging aus der Tür, als du gekommen bist.**
Polizist	**Was denn? Habt ihr zwei Bürgermeister?**
Rammler	**Einen. / Und ists der eine nicht mehr, ists der andre.**
Polizist	**Seit wann bist dus?**
Flint	**Seit fünf Minuten.**
Polizist	**Gut. / Dann ists der andre.** Ab.
Senkpiel	**Warum soll ich in den Gemeinderat?**
Flint	**Weil du ein großes Maul hast.**
Senkpiel	**Und den Posten / Bietst du mir an, weil dus mir stopfen willst.**
Flint	**Aufreißen sollst dus im Gemeinderat.**

Senkpiel Auch gegen dich?
Flint Wenn Grund ist.
Senkpiel Gut, ich machs.
Flint Ketzer ist tot, sein Feld darf nicht brachliegen. / Dir hab ichs angeboten, Fondrak, dreimal.
Niet Nimm, was du kriegen kannst, Fondrak. Ich kann / Alle Arbeit machen, wills auch, und kein Wort / Wenn du ein Bier zu viel trinkst oder zwanzig. / Vier Jahre bin ich auf den Knien gerutscht / Um einen Platz am Herd, ich machs nicht mehr. / So lang auch wart ich schon, daß ich umsiedeln / Kann mit dem Kind im Leib in eine Kammer / Und wärs die kleinste, die den Regen abhält. / Jetzt könnt ichs, Fondrak, und ich könnts mit dir.
Fondrak Bier trink ich für den Durst, nicht aus Berechnung. / Was willst du? Weil ich dir ein Kind gemacht hab / Soll ich den Kuli machen? Hast dus nicht / Gewollt?
Niet Ja, ich habs auch gewollt, Fondrak / Willst dus für mich nicht annehmen, nimms für uns. Pause. Was willst du, Fondrak? Soll ich knien vor dir?

Fondrak zu Flint
  Weil ich das Fleisch freß, soll ich Schweine mästen / Vielleicht noch Bier braun, wenn ich Durst hab. Ich bin / Für Arbeitsteilung. Ich besorg den Absatz. / Tut euer Teil, ich hab mein Teil getan. / Vorm Kommunismus seht ihr mich nicht wieder. Ab.

Alter Bauer Der Mann liegt oben, sagt das Sprichwort. Wenn sie / Den Mann zum Kind will, muß sie mit ihm gehn.

Flinte 1 Der Vater ist das wenigste am Kind. / Dem brauchst du keine Träne nachzuschicken.

Bauer Villeicht macht ihr euch gleich die Kinder selber.

Niet Den Namen brauchts nicht, Brot brauchts.

Flinte 1 Nimm / Was dir der Bürgermeister nicht anbietet.

Niet Ja. Ich hab auch zwei Hände.

Flinte 1 Zähl meine dazu.

Flint Also du siedelst um auf Ketzers Hof.

Niet Ja.

Flint Wann?

Niet Gleich morgen.

Flint Gut, ich schick den Trecker. / Auf dein Feld erst.

Flinte Wann?

Flint Übermorgen. Viel ist / Getan, aber die Arbeit fängt erst an jetzt.
Bauer Deine. Du bist der Bürgermeister.
Flint Unsre. / Der Zweck von unserm Staat ist, daß er aufhört. / Nicht wenn die Posten verteilt sind, ist er fertig / Sondern, wenn er nicht mehr gebraucht wird. Und / Sehr müssen wir ihn noch verbessern, uns auch / Und die halbe Welt mit, daß er aufhörn kann. / Die Jugend scharrt schon mit den Füßen in / Erwartung der Kapelle, nämlich Tanz / Nach der Versammlung steht auf dem Programm. / Was wir gutheißen, denn jede Freude ist / Ein Vorgeschmack vom Kommunismus und / Der Kommunismus ist, was Spaß macht, sonst / Wozu den langen Weg mit Blut und Schweiß. / Die große Mühe lohnt der größte Preis.
Senkpiel Wenn die Kapelle kommt.

Auftritt Flinte 2.

Flint Was willst du hier?
Fline 2 Tanzen.
Flint Komm mit, heim.
Flinte 2 Tanz ist einmal im Vierteljahr. Soll ich gar kein Vergnügen haben nach zwölf

	Stunden Arbeit? Du kannst doch auch hierblieben.
Flint	Ich leb nicht zum Vergnügen. Komm!
	Packt sie.
Flinte 2	**In die Versammlung kann ich nicht, weil ich arbeiten muß für zwei, wenn du die Dörfer abfährst für alle. Und mich noch dumm schimpfen lassen, weil ich unpolitisch bin. Jetzt hab ich Zeit.**
	Flint ohrfeigt Flinte 2. Flinte 1 ohrfeigt Flint. Tauziehen um Flinte 2.
Flinte 1	**Hier bleibt sie, wenn sies will. Laß dich nicht an die Kette legen, du kriegst es mit mir zu tun. Was sich eine Frau vom Mann gefalln läßt, ist auch Staatsverrat hier. Hab ich recht, Bürgermeister?**
Flint	reibt sich die Backe, läßt Flinte 2 los, zu Heinz und Siegfried **Sie hat recht, was?** Geht.
Flinte 1	zu Flinte 2, die ihm nachlaufen will **Hier bleibst du. Willst du dich wegschmeißen? Vielleicht blätterst du ihm noch die Seiten um, wenn er die Gleichberechtigung auswendig lernt. Setz ihm Hörner auf, dann weiß er, was er an dir hat.**
	Flinte 2 bleibt.

Henne zu Flinte 1 **Ich mags, wenn eine Frau sich nichts gefalln läßt.**

Flinte 1 **Jung hängt man sich an einen gern der auftrumpft / Alt merkt man: auf die Stillen ist mehr Verlaß. / Es muß nicht auf den Zähnen sein, daß einem / Die Haare wachsen, wenn er sonst ein Mann ist.**

Auftritt Schmulka und Traktoristen.

Heinz **Der erste Tanz gehört mir, Schmulka.**
Siegfried **Erst / Bin ich dran.**
Traktoristen **Nach uns.**

Nehmen Aufstellung zur Schlägerei.

Schmulka an der Tür **Die Kapelle kommt.**

XIV Kate / Niet. Fondrak

Fondrak Ich geh zum Amerikaner. Gehst du mit?
Niet Ich bleib wo ich was krieg.
Fondrak Scheiß drauf, das düngt.
Pause.
Es ist nicht so, daß ich nicht gern geh,
aber / Was dich betrifft, geh ich nicht gern.
Zieht einen Geldschein aus der Tasche.
Mancher vielleicht gibt, was er hat, der
Frau her / Aus Liebe und zum Abschied,
wenn er fortgeht / Ich geb mehr, als ich
hab: Das ist ein Markschein / Er ist
geborgt, mein letzter und ein Bier wert. /
Jetzt nicht mehr, weil ich ihn zerreiß
jetzt. So / Wie der jetzt auseinander ist,
sind wirs / Und wir gehörn zusammen
wie die Hälften / Und keine Hälfte zählt
ohne die andre. / Nimms, wenn du willst,
für einen halben Trauschein. / Ein ganzer
wirds vielleicht, wenn ich zurückkomm.
Gibt ihr die Hälfte des Geldscheins, steckt
seine Hälfte ein und geht. Kommt zurück und
nimmt ihr den halben Schein wieder weg.
Gib her. Wenn Inflation kommt, steh ich
trocken / Wenn ich ihn flüssig mach, ist

er mir sicher. / Vielleicht sehn wir uns auf
dem Mond wieder durch den Luftdruck
von der Wunderwaffe im nächsten Krieg.
Denn geb ich dir drei ganze für den halben.
Ab.
Auftritt der Bauer mit der Mütze.

Mütze Zum Amerikaner sagt er, und doch ists
von Deutschland nach Deutschland. Ein
Katzensprung, das Gras wächst rüber und
nüber, aber der Mensch braucht Papier.
Ich bin im Badischen gewesen mit acht.
Meine Mutter ist von da. Berge wie Pfann-
kuchen. Wald oder Wein drauf, mit Wasser-
stürzen, das rauscht wie die Sintflut und
hat Gewalt wie tausend Ochsen. Felsen
auch, als wie der Mond, älter vielleicht,
das Moos drauf alle Jahre neu. Von den
Burgen red ich nicht, ich versteh nichts
davon, mir gefällt in Flinz das neue Silo.

Niet Über die Weichsel mit dem Treck bei Eis-
gang / War meine erste Reise. Die Pferde
gingen / Zu den Fischen, gezogen von den
Wagen, und / Die Bauern, weil sie ihrs
nicht lassen wollten / Gingen den Pferden
nach, und was der Pole / Nicht hatte kriegen solln, die Weichsel hats.

Mütze Frau Niet, wolln Sie Frau Kupka heißen? Kupka / Bin ich. Der Acker hinterm Roten Busch / Ist meiner, seit ich aus Ostpreußen weg bin. / Alt vierundvierzig, Witwer seit der Evakuierung / Mit einem Kind, es ist eine Junge, vierzehn / Der Hof braucht eine Frau, am Herd besonders / Und das Bett ist auch kalt. Was ich hab / Ist mir zu wenig, wenn ichs bloß allein hab.

Niet Drei Mäuler schlingen mehr als zwei, und ich / Brächt noch eins mit, und eins zuviel vielleicht.

Mütze Was die Frau mitbringt, soll mir recht sein, wenn sie / Zwei Hände mitbringt und was eine Frau für den Mann hat.

Niet Ich hab gesagt, daß ich den Hof nehm, und / Es sagen war mir schwer, ihn kriegen auch. / Weil einer mich will, soll ichs nicht mehr wolln jetzt?

Mütze Zwei Händen wird das kleinste Feld zu groß. / Sie wissen vielleicht nicht, was Sie sich da / Aufladen. Das Feld, wenn Krieg war, hat viel Steine. / Wenns aber ums Brot ist: was ich hab, ist Ihrs. / Und bin ich Ihnen nicht der Richtige, bin ich /

Nicht der, der krummnimmt. Und was
Bier angeht / Wenn Sie vielleicht das
Mißtraun haben aus / Schlimmer Erfah-
rung. Bier trink ich so viel / Wie mein
Kopf Haare hat, und der hat so viel.
Nimmt die Mütze ab, zeigt seine Glatze.

Niet   lacht
Kein andrer wärs wohl, wenn ich einen
Mann wollt / Und einen Vater für mein
Kind. Ich wills nicht. / Grad von den
Knien aufgestanden und / Hervorgekro-
chen unter einem Mann / Der nicht der
beste war, der schlimmste auch nicht /
Soll ich mich auf den Rücken legen wie-
der / In Eile unter einen andern Mann /
Wärs auch der beste, und Sie sinds viel-
leicht / Als wär kein andrer Platz, für den
die Frau paßt.

Glatze   Ich sag auch, warum solls der Mann sein
immer / Der oben liegt. Ich denk da
anders. / Die Zeit muß ja auch kommen,
wo der Bauer / Ein Mensch ist, wie im
Kino jetzt schon und / Kein Pferd mehr,
und die Frau auch nicht mehr zum /
Bespringen bloß und Kinderkriegen und /
Altwerden in der Arbeit, und vielleicht /

**Erleben wirs oder die Kinder, die wir /
Vielleicht erleben werden, wenn die Frau
will.** Zeigt auf das Katendach.
**Das Dach ist hin. Hilfe werden Sie brauchen. / Wenns nicht fürs Leben ist, ists in
der Arbeit. / Und vielleicht kommt man
sich da näher und / Hilft sich in andern
Sachen gegenseitig / Dann auch, und
nicht tagsüber bloß.**

Niet **Vielleicht.**
Beide ab. Niet in die Kate. Auftreten Rammler
und Treiber, betrunken.

Rammler **In Granzow werden Plätze verkauft für
die Arche im Fall, daß die Welt untergeht. Ich überleg schon, ob ich einen
Platz kauf.**

Treiber **Der Westen arbeitet an meiner Befreiung.
Aber was hab ich davon, wenn mir die
Seele gerettet wird durch Bomben auf den
Schädel mit Liebertotalsrot. Lieber arbeite
ich auf meine Liquidierung als Klasse hin
und übernehm den Vorsitz in der Kolchose.
Dich nehm ich als Buchhalter, du kannst
nicht rechnen.**

XV Hoftor / Treibern. Treiber

Treibern **Die Agitatoren kommen.**
Treiber **Leg den Hund los.**
  Treiber, Frau und Hund nehmen vor dem Tor
  Aufstellung. Auftritt Flint, Henne, Siegfried,
  ein Arbeiter, Flint als Veteran, beschwert mit
  Orden.
Siegfried **Du hältst den Sozialismus auf, Treiber /
  Du bist das Rad, das ihm am Wagen fehlt /
  Auf seinem Siegeszug durch die Gemeinde. / Der Daumen, der von unsrer Faust
  absteht. Wie soll die, wenn der Daumen
  Abstand nimmt / Den Imperialismus auf
  die Bretter schicken / Eh er uns mit der
  Bombe übern Kopf kommt? / Der weiße
  Fleck auf unsrer Siegesmeldung / Auf die
  der Kreis seit sieben Wochen spitzt. / Er
  hat dich schon an den Bezirk gemeldet /
  Als LPG und nicht mehr einzeln im Vertraun auf deine baldige Einsicht, Treiber. /
  Du stehst als neuer Mensch auf dem
  Papier / Wie lange willst du dem Papier
  noch nachstehn?**
Treiber **Was ist mit Rammler?**

Siegfried	Der Kollege Rammler / Hat seiner Perspektive durch die Flucht sich / Entzogen.
Henne	Ja, mit einem Koffer, gestern.
Siegfried	Drei Jahr sinds im August, daß unsre Trecker / Benzin verfahrn und Arbeitszeit im Bogen / Um deine vierzig Hektar, weil du blind bist / Für deinen Vorteil und den Holzweg vorziehst / Der breiten Straße in den Sozialismus / Und, wie der Gaul vorm ersten Auto, scheust / Vorm Umzug aus dem Ich ins Kollektiv / Das dir den Buckel freimacht.
Treiber	Von Grund und Boden. / Ihr wollts uns nehmen, sags deutsch.
Flint	Ja. Vom Buckel.
Arbeiter	Süßer Tod, sagte der Möbelpacker, als ihm der Geldschrank das Kreuz brach.
Treiber	Wir brauchen euern Sozialismus nicht / Wir haben, was wir brauchen. Auto, Fernsehn / Und eine Intelligenz als Schwiegersohn. / Soll in den Sozialismus gehn wers braucht / Wir halten keinen ab. Uns wollt ihr zwingen.
Arbeiter	Wann habt ihr Urlaub?
Treibern	Urlaub? Wir sind Bauern. / Mühe und Arbeit, Herr, sind unser Teil hier / Bis uns

> der Herrgott selber Urlaub gibt. / Urlaub!
> Die Milch tritt nicht ins Blut zurück /
> Wenn ich der Kuh den Rücken dreh zum
> Schwarzmeer / Wie der Herr Melker aus
> der LPG / Bei dem der Stall verkommt, im
> letzten Sommer. / Das Unkraut hört nicht
> auf zu schießen, ich / Muß jäten, unser
> Feld gehört dem Staat nicht. / Fährt sich
> die Ernte selber ein? Uns zahlt / Kein Staat
> den Weizen, der am Halm fault. Flickt sich /
> Der Mann die Hosen selber? Nicht zu
> reden / Vom Hunger in der Stadt, den
> unser Schweiß stillt.

Arbeiter *zu Henne*
Steck die Zigarren ein. Und gib sie weiter.
Zur Treibern
Kollegin Treiber, Sie sind gleichberechtigt / Nach dem Gesetz. Ihr Mann hat gleiche Pflichten. / Wenn er sich weigert, seine Hose selbst / Zu reparieren, oder den Gegendienst / Zum Beispiel Küchenhilfe, auch verweigert / Macht er sich strafbar, nach Artikel drei.

Treibern *kichert, stößt Treiber an* **Hast du gehört?**

Treiber finster
> Läßt du dich schon aufwiegeln? / Geht mir vom Gut, eh ich den Hund auf euch hetz. / Mein Leben lang hab ich mich abgeschunden / Vier Liter Schweiß pro Tag auf jeden Hektar. / In meinem Stall steht kein Stück Vieh, das nicht / Von mir wär. Über meine Zähne ist / Kein Happen Fleisch gekommen, den ich nicht / Mir von den Rippen erst hab schneiden müssen.

Arbeiter Und deiner Frau.

Treibern Ja, das vergißt er immer.

Treiber Halts Maul. Und ihr wollt in den Rachen schieben / Was ich mit meinen Knochen abgezahlt hab / Mit einem Federstrich. Euch Lumpenbauern / Soll ich die Faulheit stärken für ein Trinkgeld.

Henne Dein Trinkgeld geht in die Zehntausend, Treiber.

Treiber Nur über meine Leiche kriegt ihr mich / In die Kolchose.

Siegfried Niemand will dich zwingen. / Der Sozialismus siegt durch Überzeugung. / Wir überzeugen dich, heut oder morgen / Und wenns nicht morgen ist, ists übermorgen. / Eh du nicht überzeugt bist, gehn wir dir/ Nicht von der Schwelle, Treiber. Mach dich frei / Zerbrich die Ketten, die dein Eigentum / Dir anlegt, reiß die Binde von den Augen / Und geh mit uns in eine lichte Zukunft.

Flint Entweder auf dem Traktor oder drunter.

Arbeiter flüstert mit der Treibern, Treibern kichert.

Treiber zum Hund
Weiber. – Auf Hunde ist Verlaß. Sie sind / Treuer als die Weiber.

Siegfried **Ja, weil sie dümmer sind.**

Treiber **Faß, Nero!**
Henne flieht, der Arbeiter zieht eine Wurst, Nero frißt.

Treiber tritt nach dem Hund **Bestie!** Ab.

Arbeiter **Auf Hunde bin ich abgerichtet. Schließlich ist das mein zwölfter Kulak in drei Tagen. / Der Bauer ist vom Hof. / Wie wärs mit uns, Kollegin?**

Treibern **Sie sind einer! / Ich hol ihn. Ewig kann er sich nicht sperrn.**

Siegfried **Nimm gleich den Antrag mit. Hier unterschreibt ihr.**

Flint lacht, zum Arbeiter **Was hast du ihr versprochen? / Kannst dus halten?**

Arbeiter lacht. Treibern kommt schreiend, den
Antrag in der Hand.

Siegfried **Was ist? Will er nicht unterschreiben?
Tobt er?**

Treibern **Der unterschreibt nicht mehr. Mein
Mann ist tot. / Er hat sich aufgehängt in
der Garage.** Fällt in Ohnmacht.

Arbeiter **Hängt sich vorm ersten Urlaub auf, Idiot.**
Ab.

Flint zu Henne **Geh, schneid ihn ab.** Hält ihm ein
Messer hin.

Henne **Ich? Den Kulaken? Wer / Hat Ketzer
abgeschnitten Neunundvierzig / Dem der
den Strick gedreht hat. Alle Schuld /
Rächt sich auf Erden und ich schneid ihn
nicht ab. / Wenn ich so links wie du wär,
Flint, mein Messer / Wär mir zu schade
für den Klassenfeind.** Nimmt das Messer.
**Wenigstens weiß er jetzt, wie Hängen
schmeckt.** Ab.

Flint **Er hat gearbeitet wie wir. Sein Leben / War
wenig leichter, schwer genug wirds bleiben.**

Siegfried **Und warum schneidst du ihn nicht selber
ab, Flint?**

Flint antwortet nicht. Auftritt Arbeiter und
Henne mit Treiber.

Arbeiter	**Da ist er. Auferstanden von den Toten.**
	Treiber probiert seine Arme und Beine aus, macht Flugversuche, prüft, ob ihm Flügel aus den Schulterblättern wachsen.
	Er glaubts noch nicht. Zu Treiber **Der Himmel war besetzt. / Die Flügel sind noch nicht gewachsen, Sportsfreund.**
Siegfried	**Bei uns ist Platz, Treiber. Du bist der erste / Der über seine eigne Leiche eintritt. / Hier ist der Antrag.**
	Nimmt der Frau, die noch am Boden liegt, das Papier aus der Hand.
Treiber	unterschreibt, auf die Frau zeigend **Tot?**
Arbeiter	**Sie kommt auch wieder.**
Treiber	**Sie war schon immer schreckhaft. Frau, steh auf!**
Treibern	**Sind wir im Himmel oder in der Hölle?**
Treiber	**Fürs erste sind wir in der LPG.**
Treibern	**Das ist auch gut. Gleich geh zum Vorstand, Treiber / Und hol mir einen Krankenschein. Das Herz / Macht nicht mehr mit.**
Treiber	**Mein Rheuma wird auch schlimmer.**
	Beide ab. Treiber stark hinkend.
Henne	**Zehn Jahr saß er uns im Genick, der Hund / Zwei Jahr und länger ließ er sich dann bitten / Und wieder stößt er sich an**

uns gesund. / Ich wollt, ich hätt ihn nicht vom Strick geschnitten.

Flint   Das Feld ging übern Bauern und der Pflug / Seit sich die Erde umdreht in der Welt. / Jetzt geht der Bauer über Pflug und Feld. / Die Erde deckt uns alle bald genug.

»Der Weg ist nicht zu Ende, wenn das Ziel explodiert.«
Heiner Müller, 1995

Die frühe DDR-Dramatik wurde vor allem von zwei jungen Autoren geprägt. Der eine, Peter Hacks, kam von München nach Berlin und wurde in wenigen Jahren ein Erfolgsdramatiker. Der andere, Heiner Müller, war vorerst nur ein Geheimtip unter Insidern. Er stammte aus Sachsen. Sein Vater wurde 1933 von der SA verhaftet, weil er der SAP (Sozialistischen Arbeiterpartei) angehörte; dann vom KZ in die Arbeitslosigkeit entlassen. Auf diese Weise bereits als Kind über den Nationalsozialismus belehrt, zählte er nach 1945 nicht zu denen seiner Generation, die sich in einem Wandlungsprozeß vom Einfluß des Faschismus freimachen mußten. Als man ihn nach 1945 als Bibliothekar einstellte, um die Bibliotheken von faschistischen Werken zu säubern, war das für ihn eine Zeit der intensiven Beschäftigung und Auseinandersetzung mit Literatur. 1951 kam er nach Berlin und suchte im Schriftstellerverband, im Berliner Ensemble sowie im Aufbauverlag eine Chance, um, wie sein literarisches Vorbild Bert Brecht gesagt hätte, in die Apparate einzudringen und sie zu erobern. Was Peter Hacks auf Anhieb gelang, verlief bei Heiner Müller recht mühsam. Er versuchte, erst einmal mit journalistischen Arbeiten Geld zu verdienen. Obwohl von verschiedenen Einrichtungen gefördert, von namhaften Schriftstellern und Redakteuren in die Schule genommen, was Müller nicht immer hilfreich empfand, kam er nicht recht zum Zuge. Als ihm dann mit einem kleinen Stück der Durchbruch gelang, folgte darauf eine Niederlage, die ihn für lange Zeit wieder ins literarische Aus beförderte. »Der Lohndrücker« brachte ihm den Heinrich-Mann-Preis der Akademie der Künste und den Ruf eines außergewöhnlichen Talents ein, das darauffolgende Stück »Die Umsiedlerin« führte zu einem politischen Skandal, der ihn für elf Jahre aus der Literatur und dem Theater ausgrenzte. Doch beide Stücke sind exemplarisch für den Weg, den Müller einschlug und für die widersprüchliche Entwicklung der DDR-Dramatik.

Das kleine Stück »Der Lohndrücker«, das für eine Abendvorstellung kaum genügend Text bietet, entstand 1956 und wurde im Jahr darauf im Mai-Heft der »Neuen Deutschen Literatur« abgedruckt. Aufsehen erregte es durch seine Sprachgestaltung, weniger wegen seines Inhalts, der allgemein bekannt war. Müller griff auf eine Aktivistengeschichte zurück, die damals zum Standardrepertoire der Produktionspropaganda gehörte. Der Maurer Hans Garbe vom Berliner Betrieb VEB Siemens-Plania hatte im Winter 1949/50 einen Ringofen bei Feuer repariert und so mehrmonatigen Produktionsausfall verhindert. Bereits 1950 stellte Eduard Claudius diese Tat in der Erzählung »Vom schweren Anfang« vor und machte daraus ein Jahr später den Roman »Menschen an unserer Seite«. Auch Brecht interessierte sich für den Stoff, den er in größere historische Zusammenhänge wie den 17. Juni 1953 einzufügen gedachte. Von Brechts Vorhaben, das Fragment blieb, wußte Müller nur durch Gerüchte. Es gehörte schon allerhand Selbstbewußtsein dazu, gegenüber dieser

Beanspruchung des Stoffes mit einer neuen Version aufzutreten. Aber vielleicht ist das die Sicht von heute. Damals drängte man das Theater zu solchen Inhalten, und Müller sah hier seine Chance.

Der Stoff war literarisch vorgeprägt, die konkreten Begebenheiten aufgearbeitet. Für Müller, dem an Milieustudien nichts lag, ein Vorteil. Er orientierte sich hauptsächlich an dem Material, das die Brecht-Mitarbeiterin Käthe Rülicke aus Interviews mit Hans Garbe für Brecht zusammengestellt hatte. Den Betrieb suchte Müller nicht auf. Auch Hans Garbe lernte er erst später während der Proben kennen. Überhaupt lag ihm nicht viel daran, die näheren Umstände und das Verhalten der Arbeiter kennenzulernen. Auf diesem Gebiet meinte er, keinerlei Nachhilfe nötig zu haben. »Meine Kenntnisse über das Arbeitermilieu, über die Anfänge der DDR-Industrie, stammten aus der Zeit in Frankenberg, wo ich Drehbänke entrostet hatte. Und ich hatte keine Schwierigkeiten, Arbeiter zu beschreiben. Ich kannte ihre Sprache. Das war die Welt, in der ich aufgewachsen war.«[1]

Daß man das Stück trotz seiner provozierenden Sprache, die man damals »harte Schreibweise« nannte, als vertraute Aktivistengeschichte nahm, machte den Erfolg möglich. Doch bereits damals fiel auf, daß es Müller nicht um die Wandlung, um das viel beschworene »Anders-werden-müssen« ging wie bei Claudius. Müller kam es nicht auf psychologisch gut vorberei-

---

[1] Heiner Müller. Krieg ohne Schlacht. Leben in zwei Diktaturen. Köln 1992. S. 143.

tete Übergänge im Charakter seines Helden an. Aber dennoch wurde das Stück vom Widerspruch zwischen dem vom Faschismus geprägten Bewußtseinszustand der Bevölkerung und den nunmehr zu bewältigenden historischen Aufgaben, die sozialistische Produktionsweise durchzusetzen, verstanden. Das lag einfach im Zug der Zeit; man wollte den geänderten Menschen, den neuen Menschen, auf der Bühne sehen. Auch Müllers Balke wurde so aufgenommen, obwohl das Stück solche Umbrüche in der Figur eher vermied. Der Autor sah sich bereits vor der Aufführung genötigt, darauf hinzuweisen: »Das Stück versucht nicht, den Kampf zwischen Altem und Neuem, den ein Stückschreiber nicht entscheiden kann, als mit dem Sieg des Neuen vor dem letzten Vorhang abgeschlossen darzustellen; es versucht, ihn in das neue Publikum zu tragen, das ihn entscheidet.«[2]

Löst man das Stück aus dem Umfeld seiner Entstehung, aus der Richtung des »didaktischen Theaters« heraus, der es zugeordnet wurde, ergibt sich ein anderes Bild. Müllers Held packt die Sache einfach an; er entscheidet sich für die riskante Reparatur. »Balke: Ich verlange, daß ich den Ofen machen kann.« Dabei verweist er weder auf politische Notwendigkeiten, noch fühlte er sich in der Pflicht jener sozialen Kräfte, die gesellschaftliche Veränderungen wollten. Er greift zum Ungewöhnlichen wie andere zum Gewöhnlichen. Das Motiv seines Handelns wird nicht

---

2 Heiner Müller. Der Lohndrücker. In: Neue Deutsche Literatur. Nr. 5/1957. S. 116.

vorgeführt. Die hart aufeinanderstoßenden Gegensätze machen nur verständlich, daß er, einmal hineingeschlittert, nicht anders kann. Statt seelischer und politischer Motivierung macht der Autor in seinen 22 Bildern ein Geflecht von Widersprüchen sichtbar, in das die Menschen verstrickt sind. Die Figuren reagieren unter dem Zwang elementarer Bedingungen. Ihre Handlungen erklären sich nicht aus der Logik sozialer Abläufe oder ideologischer Überlegungen, sondern aus dem Zusammenprall unterschiedlicher Vorgänge. Die Widersprüche symbolisieren bei Müller nicht nur gesellschaftliche Tendenzen, bei ihm sind sie eruptive Gewalten, die unterschiedliche Qualitäten im Menschen freisetzen und aufeinanderprallen lassen.

Die bewundernswerte Sprachkunst dieses Stücks ergibt sich aus dem Aufeinandertreffen der Widersprüche und den sich daraus ergebenden Reaktionen der Figuren. Als der Direktor empört einen Arbeiter ins Gesicht schlägt, weil er zu ihm sagt, sein Arbeiterstaat sei nicht besser als die Nazis, bekommt er zur Antwort: »Das kostet dich die Stellung, Direktor. Das ist nicht wie bei Hitler.« An anderer Stelle unterstützt Schorn Balke bei der Ofenreparatur, obwohl ihn Balke in den Kriegsjahren wegen Sabotage denunziert hatte. Als darauf Balke fragt: »Was gewesen ist, kannst du das begraben?« entgegnet Schorn nur mit einem »Nein.« Das gesamte Stück besteht aus einem engen Geflecht solcher Stellen.

Von der Dialogtechnik her zählt dieses kleine Werk zu den besten, die Müller geschrieben hat. Er setzte gleich zu Anfang seiner Dramatikerlaufbahn einen Höhepunkt, den er auch später mit seinen philosophisch schwergewichtigen Stücken nicht überschritt.

Die Widersprüche explodieren förmlich im Dialog und machen die Existenzweise deutlich, die Menschen zu ihren Verhaltensweisen treibt. Was als literarische Pointe erscheint, ist in diesem Dialog die Explosion der Verhältnisse, die nach sprachlichem Ausdruck drängt.

Müller gibt kaum Anhaltspunkte dafür, daß sein Held und das Kollektiv verändert aus dem Gesellschaftsexperiment der Ringofenreparatur hervorgehen. Die sich gegenseitig zugefügten Wunden und menschlichen Verletzungen führen zu keiner Reinigung, zu keiner Katharsis. Die Figuren verbleiben am Ende des Stückes auf der Stufe, auf der sie am Anfang standen. Im Ablauf der Widersprüche gibt es bei Müller keine Atempause, keine Ermutigung, keinen Platz für das Prinzip Hoffnung. Hier unterscheidet er sich von Brecht, dem Lehrer, dem literarischen Vorbild. Brecht selber baute auf die Widersprüche und lehrte, daß nur sie das Bleibende seien, aber er nutzte sie auch zur Ermutigung, indem er sie als Hoffnung begriff. In seiner Version des Garbe-Stoffes, dem Büsching-Fragment, führte er kaum die explosive Gewalt der Widersprüche vor, sondern band sie in größere historische Zusammenhänge ein. Das Fragment enthält die Geschichte des Schülers. Der Held Büsching hat einen Schüler, der am 17. Juni in den Westen flieht. Für die 11. Szene notierte Brecht: »Der Schüler kommt zurück. Zu spät. Für jetzt, aber nicht für immer.«[3] Brechts Held stirbt. Die Widersprüche erscheinen bei Brecht nicht minder zugespitzt als bei Müller, aber die Schülergeschichte wirkt wie eine menschliche Zärtlichkeit im Ablauf der Widersprüche, die auch Hoffnung freisetzt. Licht in der Finsternis gibt es bei Müller nicht.

Die Aufführung wie die Rezeption durch Kritik und Literaturwissenschaft orientierte auf die veränderte Kraft der Widersprüche. Ihren gnadenlosen Ablauf bei Müller zu betonen, hätte bedeutet, sich gegen das Stück zu stellen. Aber auch die etablierte Sicht auf den Garbe-Stoff wie der Wunsch nach gesellschaftlichen Veränderungen bei den Zuschauern drängte zu dieser Interpretation. Der »Lohndrücker« wurde am 23. März 1958 als Studioinszenierung in Leipzig uraufgeführt. Aber erst die Berliner Aufführung im gleichen Jahr am Maxim-Gorki-Theater unter der Regie von Hans Dieter Mäde brachte den Durchbruch. Die »Lohndrücker«-Aufführung war mit Müllers Stück »Die Korrektur« gekoppelt und hätte beinahe die Aufführung verhindert. Doch Müller entschloß sich zu einer Korrektur »Der Korrektur«. Der »Lohndrücker« fand auch deshalb günstige Aufnahme, weil man in dem Stück eine Weiterentwicklung sah, die aus dem engen Rahmen der didaktischen Gestaltungsweise herausführte. Es wurde nicht gerade ein Repertoirestück, aber in der Geschichte der DDR-Dramatik spielte es eine wichtige Rolle.

3 Bertolt Brecht. Werke. Große kommentierte Berliner und Frankfurter Ausgabe. Bd. 10.

Die Frühwerke, so Müller, seien für die Dramatiker schon immer eine Gelegenheit gewesen, sich den ganzen »Glanz und Schmutz« von der Seele zu schreiben. In den ersten Stücken großer Dramatiker – »Titus Andronikus«, »Die Räuber«, »Götz«, »Schroffenstein«, »Herzog Theodor von Gotland«, »Baal« – würden »die Eimer ausgekippt«. In einer solchen Lage befand sich auch Müller, als er anfing, für das Theater zu schreiben, nur kam das mehr in dem nach dem »Lohndrücker« geschriebenen Stück »Die Umsiedlerin« zum Ausdruck. Er stand vor dem Problem, wie schreibt man in der Zeit der Gesellschaftsumwälzungen? Nach dem Ende des Faschismus hatte er die neue Zeit begrüßt. Aber wie nun weiter, nach dem diese »neue Zeit« nicht mehr nur Programm blieb, sondern Alltag wurde? Er machte sich das klar, als er 1953 ein Gutachten zu dem zweiten Gedichtband von Günter Kunert für den Aufbau-Verlag verfaßte. Indem sich Müller in Kunerts »innere Einstellung« hineinzudenken versuchte, reflektierte er seine eigene Befindlichkeit, sein eigenes Dilemma. Er fand Kunert in einer Situation, wie einst Walter Benjamin linke Intellektuelle wie Kästner geschildert hatte: »Kopfscheu vor den Konsequenzen, vor der exekutiven Kritik, der Revolution.«[4] Was Müller in diesem Kunert-Gutachten beschrieb, ist die Krise der Schriftsteller der DDR in den fünfziger Jahren im Übergang von der Bekenntnisdichtung, der Weltan-

---

4 Heiner Müller. Gutachten vom 25. November 1953. In: Archiv des Aufbau-Verlags, Berlin. Mappe 1628.

schauungspoesie, zur Realität der »neuen Zeit«, in der sich das eigene Erleben über das Programm erhob. Dieser Sprung war nicht ohne Verlust an formaler Geschlossenheit zu schaffen. Bei Kunert sah er das so: »Die Geschlossenheit der frühen Verse ging auf Kosten der Wahrheit, Kunert sah sozusagen nur mit einem Auge, und es ist leichter, ohne, als mit Perspektive zu zeichnen. Mit der dritten Dimension fehlte das Moment der Bewegung. Zustände wurden abgebildet statt Prozesse, der Mensch als Objekt, nicht als Subjekt.«[5] Es galt sich zu entscheiden, die Welt mit einem Auge zu sehen oder in der dritten Dimension. Müller machte sich klar, wenn das Erlebnis an die Stelle des Programms tritt, kann es keine ideologischen Nothilfen mehr geben, sondern nur noch die »exekutive Kritik«. Unterwiesen in der materialistischen Dialektik, stützte sich Müller auf den puren Ablauf der Widersprüche, ohne das Ziel, die Lösung hervorzuheben. Während Brecht die Zeit, in der man sich auf die reine Dialektik stützen konnte, noch nicht gekommen sah, weil man sich innerhalb der gesellschaftlichen Interessenkämpfe immer wieder gezwungen sehe, zu ideologisieren, suchte Müller, die Widersprüche ohne ideologische Verständigung zu erfassen. Als Brecht 1949 sein episches Theater mit großem Erfolg etablierte, fragte er sich selber: »aber wann wird es das echte, radikale epische Theater geben?«[6] Müller schob dieses »Wann, oh wann« beiseite.

5 Ebenda.
6 Bertolt Brecht. Arbeitsjournal 1938–1955. Berlin und Weimar 1977. S. 481.

Sein Standpunkt war, radikal »jetzt«, und er kippte in seinem neuen Stück die Eimer aus.

»Die Umsiedlerin oder Das Leben auf dem Lande« entstand in den Jahren 1956 bis 1961. Die erste Idee dazu, so der Autor, sei ihm Mitte der fünfziger Jahre oder noch früher gekommen. Als 1960 die Kollektivierung der Landwirtschaft in der DDR einsetzte, habe das Stück plötzlich Konturen bekommen, die es vorher nicht gehabt hätte. Diese Vorgänge auf dem Lande griffen tief in die Gesellschaft ein. Sie beschäftigten die Menschen mehr als die, die in der Industrie vor sich gingen. Nicht zuletzt auch deshalb, weil Walter Ulbricht auf die Arbeiter und bestimmte Kreise der Intellektuellen zurückgriff, sie zu den Bauern schickte, um sie zum Eintritt in die Landwirtschaftlichen Produktionsgenossenschaften zu bewegen. Als sich nicht gleich Erfolge einstellten, hatten die Arbeiter und die Intelligenz, vor allem die Studenten, über Jahre hinweg Landeinsätze zu leisten. Mehr als von der Bodenreform fühlte sich die Bevölkerung in der Stadt von dieser Umwälzung mit betroffen. Nicht wenige meinten, wenn der Sozialismus etwas nicht in den Griff bekomme, so die Landwirtschaft. Sie blieb mehr als ein Jahrzehnt die Sorge der gesamten Gesellschaft. Auch deshalb fand die Literatur über die Veränderungen auf dem Lande eine viel größere Beachtung als die über die Industrie.

»Die Umsiedlerin« war für Müller erstmals kein Auftragswerk, dennoch gebunden an das Deutsche Theater, das sich die Uraufführung vorbehielt. Um das Stück zu testen, wurde eine

Versuchsaufführung an der Hochschule für Ökonomie in Berlin-Karlshorst vereinbart. Eine solche Praxis erschien damals keineswegs ungewöhnlich. Renommierte Bühnen wie das Berliner Ensemble und das Deutsche Theater machten gern davon Gebrauch. Die Studentenbühne in Karlshorst galt als eine erprobte Truppe, die unter den besten Bedingungen arbeitete. Die Werkstätten der DEFA und der Staatstheater fertigten die Dekorationen, stellten die Requisiten und Kostüme. Die Ausstattung entwarf Manfred Grund vom Berliner Ensemble. Regie führte B. K. Tragelehn vom Theater der Bergarbeiter in Senftenberg. Bereits 1958 hatte Steffi Spira mit den Studenten in Karlshorst Müllers »Lohndrücker« aufgeführt. Es war jene Zeit, in der sich Dramatiker wie Heiner Kipphardt, Peter Hacks und Regisseure wie Tragelehn mit neuen Entwürfen zum Volks- und Laientheater trugen. Sie strebten damals eine tiefgreifende Reform an und beschäftigten sich intensiv mit dem Verhältnis von Laien- und Berufstheater.

Müller schrieb nicht zuerst das Stück, sondern »zwei Jahre lang liefen die Proben, Schreiben und Proben immer parallel.«[7] Der Autor empfand das als eine großartige Gelegenheit, sich auszuprobieren, seine Texte sofort auf der Bühne zu überprüfen. Die Darsteller bekamen nie das fertige Manuskript in die Hand, sondern immer nur Szenen und auch die wurden häufig wieder geändert. Selbst als der erste Durchlauf vor geladenen Gästen

---

7 Heiner Müller. Krieg ohne Schlacht. Leben in zwei Diktaturen. a.a. O. S. 162.

stattfand, war das Stück noch nicht fertig. Diese Arbeit, bei der es an Überraschungen nicht fehlte, machte Laune, von der sich vor allem der Autor tragen ließ. »Wir waren ganz heiter, fanden das so richtig sozialistisch, was wir da machten, die Studenten auch, die hatten eine große Freude daran,... Ich schrieb mit dem Gefühl der absoluten Freiheit im Umgang mit dem Material, auch das Politische war nur mehr Material. Es war wie auf einer Insel, es gab keine Kontrolle, keine Diskussion über einen Text, wir haben einfach probiert, und ich habe geschrieben. Der Spaß bestand auch darin, daß wir böse Buben waren, die dem Lehrer ins Pult scheißen.«[8] Doch was unter größter Freiheit geschrieben wurde, sollte die größten Repressionen zur Folge haben. Aufgewachsen in ländlicher Gegend kannte Müller das Landleben, hatte er doch nach 1945 die Bodenreform miterlebt. Aber wie beim »Lohndrücker« hegte er kein Verlangen, das konkrete Milieu kennenzulernen. Gelegenheit dazu hätte es genug gegeben. Seine Darsteller, die Studenten, dürften auf diesem Gebiet allein schon durch ihre obligatorischen Landeinsätze weit mehr Erfahrungen besessen haben. Wenn Müller auch das Milieu nicht interessierte und in seine Stücke nichts Autobiographisches einfloß, färbten doch die eigenen Lebenserfahrungen den Text. Passagen in seinen Memoiren über das Zusammenleben mit seiner zweiten Frau Inge, die mehrmals Selbstmordversuche unternahm, ließen sich nahtlos in den Text einfügen: »Acht Jahre ver-

---

8 Ebenda. S. 162/1.

gingen mit Selbstmordversuchen. Ich habe ihr den Arm abgebunden, wenn sie sich die Pulsader aufgeschnitten hatte und den Arzt gerufen, sie vom Strick abgeschnitten, ihr das Thermometer aus dem Mund genommen, wenn sie das Quecksilber schlucken wollte, und so weiter... sie war immer wieder im Krankenhaus, es war ein Prozeß bei ihr, der nicht aufzuhalten war, der angefangen hat nach dem Krieg.«[9]

Was ihn zur »Umsiedlerin« veranlaßte, war mehr das intellektuelle Erlebnis. Die Kollektivierung der Landwirtschaft erwies sich in der Sowjetunion wie auch in der DDR als ein außerordentlich schwieriger Prozeß. Stalin gestand gegenüber Churchill, daß für ihn keine Zeit schwerer gewesen sei als diese. Die gesellschaftlichen Widersprüche schlugen sich hier ganz direkt im persönlichen Schicksal der Menschen nieder. Der Geschichtsverlauf rollte wie ein unabwendbares Schicksal ab. Das Austragen der Widersprüche, der Kampf um eine Lösung, vollzog sich unter schrecklichen Deformationen, Niederlagen und Verlusten. Die Menschen kamen nicht unbeschädigt davon, nicht die, die getrieben wurden und nicht die, die den Prozeß vorantrieben. Das alles ließ sich nicht mit hellen Farben malen. Hier konnte man nicht nur auf das Programm sehen. Allein schon vom Stoff ging eine anarchische Gewalt aus, die Müller zu einer gestalterischen Lust verführte. Die Losung von der »Ankunftsliteratur«, die damals propagiert wurde, bekam bei die-

---

9 Ebenda. S. 159/8.

sem Gegenstand eine diabolische Hintergründigkeit, die Müller voll herauszuarbeiten verstand. Die Ankunft in den neuen Produktionsverhältnissen, auch wenn sie auf Freiwilligkeit beruhte, geschah nicht als weltanschaulicher Wandlungsprozeß und auch nicht immer aus ökonomischer Einsicht.

Der Schritt vom »Lohndrücker« zur »Umsiedlerin« brachte Müller in eine Situation, wie er sie 1953 bei Kunerts zweitem Gedichtband festgestellt hatte. Die im »Lohndrücker« erreichte formale Geschlossenheit ließ sich nicht fortschreiben. Das kleine Stück von 1956 präsentierte sich als feinziselierte Arbeit, blieb selbst in seiner neuen gestalterischen Qualität überschaubar. Diese dramaturgische Präzisionsarbeit trug ihm auch als Anfänger Respekt ein. Dagegen erschien die »Umsiedlerin« ungebärdig, wild, als habe einer aus Verzweiflung über Gott, die Welt und die Partei einmal »die Sau rausgelassen«. Die das Stück 1961 sahen oder lasen, wußten eigentlich nie recht, wo die Parodie aufhörte und die Tragik anfing. Sie fühlten sich bedrückt von diesem Stück und lasteten das dem Autor an.

War der »Lohndrücker« von einer bewundernswerten dramaturgischen Ökonomie, so erschien die Figurenführung in der »Umsiedlerin« willkürlich, undiszipliniert. Vor allem zwischen den starken ersten und letzten Szenen hatte man den Eindruck, als habe der Autor vor lauter Episodenlust und Sprachwitz vergessen, seine Figuren weiterzuführen. In der zweiten Szene ersticht der Bauer Ketzer seinen Gaul, als ihn der Großbauer Treiber wegführen will, weil Ketzer nicht Geld und Kartoffeln für das Leihpferd aufbringen kann. Danach erhängt er sich; für ihn kamen die Traktoren zu spät. Erst in der letzten Szene, als sich Treiber selbst aufhängt, aber noch rechtzeitig abgeschnitten werden kann, nimmt der Autor wieder Bezug auf die Ketzerepisode des Anfangs.

Das Stück enthält eine Duellsituation zwischen dem Parteisekretär Flint und dem versoffenen Außenseiter Fondrak, die von großem weltanschaulichen Format ist, weil es hier darum geht, inwieweit sich die Ausgebeuteten führen, zum Guten »verführen« lassen. Flint versucht mehrmals, Fondrak zu überreden, eine Neubauernstelle anzunehmen, aber Fondrak sieht darin nicht die Möglichkeit, sich zu entfalten, sondern nur den Verlust seiner Freiheit. Obwohl Fondrak eine durchgehende Figur ist, wird diese Situation nicht ausgetragen, sondern nur angesprochen, bleibt dramaturgisch Episode. Vom Technischen her ist das Stück löchrig, nicht durchgearbeitet, ist ein Hohnlachen über den meisterlich gebauten »Lohndrücker«, auch wenn man nicht von traditionellen Maßstäben, von einer Fabel und Entwicklungsfiguren ausgeht.

Aber dennoch ist es ein Geniestreich, zu jener Zeit ohne Beispiel im deutschen Sprachraum. Peter Hacks hatte recht, als er nach der Premiere zu Müller sagte: »Eine große Komödie, aber dramaturgisch müssen wir harte Worte reden. Politisch werden sie dich totschlagen.«[10]

10 In: Ebenda. S. 168.

Was dieses Stück so unvergleichlich macht, ist die Mischung der verschiedensten Elemente: Parodie und Tragik, Groteskes und Heroisches, Zartes und Barbarisches, anarchistische Lust und gedankliche Logik wechseln in einem atemberaubenden Tempo, vermischen sich in einem wilden Rhythmus. Mit diesem Baustil schob Müller alle zeitgenössischen Vorbilder und Maßstäbe beiseite, offerierte ein »überepisches« Theater, das die Kategorien der Fabel, der Entwicklungsfiguren, des positiven und des kritikfordernden Helden usw. hinter sich läßt, aber auf große literarische Muster aus ist. Daß sich Müller innerhalb seiner anarchischen Dramaturgie an großen Vorbildern orientierte und etwas zustande brachte, das weltliterarischen Maßstäben standhält, darauf haben vor allem Peter Hacks und die Literaturwissenschaftlerin Marianne Streisand von verschiedenen Seiten her hingewiesen.

Peter Hacks hob den Vers in der »Umsiedlerin« als große Leistung hervor. Müller habe wieder Shakespeare in das deutsche Drama gebracht. »Die Geschichte des realistischen Theaterstücks in Deutschland ist die Geschichte der Aneignung Shakespeares.«[11]

Auf Shakespeare wies auch Marianne Streisand hin, die an der Figur des Fondrak die Tradition der Shakespearschen Narren hervorhob. »Wie die Narren Shakespeares ›entzaubert‹ er die

---

11 Peter Hacks. Über den Vers in Müllers Umsiedlerin-Fragment. In: Maßgaben der Kunst. Gesammelte Aufsätze. Düsseldorf 1977. S. 78.

Welt durch Zynismus. Er setzt der von den Anforderungen der Produktivkraft-Entwicklung diktierten Wirklichkeit die Vision ihres katastrophalen Endes entgegen... Seine zynischen Reden sind so provozierend, weil sie eben nicht nur apokalyptische Visionen zur Entschuldigung der eigenen Faulheit sind, sondern auch Wahres treffen.«[12]

Mit dieser Mischung der literarischen Elemente, dem ständigen Wechsel der Wertungen schafft sich Müller einen dramaturgischen Freiraum, um sich von der Ästhetik der Vorbildwirkungen absetzen zu können, um ohne Entwicklung der Figuren auszukommen. Er will die Widersprüche pur, ohne auf ihre Lösung hinzulenken, denn das hieße sie erklären, sie zu ideologisieren, zu humanisieren. Damit setzte er sich zugleich von dem Prinzip Hoffnung ab, ohne es programmatisch aufzukündigen; denn die Widersprüche zersetzen es. So läuft bei ihm alles eher auf Deformation als auf Entfaltung, Entwicklung hinaus. Eine der wenigen positiv zu nennenden Figuren ist die Umsiedlerin Niet. Sie nimmt anstelle von Fondrak die Neubauernstelle an; sie weist auch den Mann ab, der sich anbietet, den sie aber zu wenig kennt, um ihn zu lieben. Eine Emanzipation? Sie vollzieht sich nicht. Niet entschließt sich, wie Balke sich entschließt, die Ofenreparatur zu machen. Die Widersprüche treiben die Menschen zu Reaktionen, nicht unbedingt zu Entwicklungen oder gar zu Wandlungen.

12 Marianne Streisand. Heiner Müller – Die Bauern. (Ungedruckt)

Die zeitgenössische Kritik hat sich darüber entsetzt, daß der Figur des Fondrak, des »anarchistischen Bieranbeters mit seinen verrückten Eskapaden ein so bemerkenswerter Aktionsradius« eingeräumt wird. Tatsächlich räsoniert sich diese Figur durch das ganze Stück. Wie bei Shakespeares Narren mischt sich in Fondraks Reden berechtigte Kritik mit dem Lobpreis auf die kreatürlichen Vergnügen. Aber statt in Flints ausgestreckte Hand einzuschlagen und die Neubauernstelle anzunehmen, geht er lieber in den Westen. Von dieser Figur geht eine destruktive Kraft aus, die sich nicht einbinden läßt. Flint unterliegt in diesem Duell. Müller baut die Figur groß auf. Sie ist in ihrer Negativität zweifellos die lebendigste des ganzen Stückes. Gewollt oder ungewollt wird sie damit zur Gegenfigur der damals so herbeigewünschten großen Arbeiter- und Bauerngestalt, die in ihrer Potenz und Energie die Möglichkeiten der Arbeiterklasse verkörpern sollte. Bei Müller ist Fondrak eher eine Symbolgestalt dafür, daß die Masse in ihrem Verlangen nach Lebensgenuß, sei es nach Bier, Schlaf und Beischlaf wie im Stück oder nach gehobeneren Ansprüchen aufs Auto, sich zum Tanz um das goldene Kalb drängt, wenn der Prophet auf dem Berg ist. Der Autor weist selber auf das Motiv hin, wenn er Flint sagen läßt: »Manchmal komm ich mir vor wie Moses selber. / Der brachte seine Mannschaft auf den Trichter / Wo Milch und Honig fließt, und was für ihn / Heraussprang, war das Schwarze unterm Nagel. / Grad konnt er sie noch fressen sehn, dann starb er.« Die Arbeiter und Bauern, hingelenkt auf menschliche, auf neue Bedürfnisse, sind bei Müller wohl eine Kraft, aber sie bleiben ein Risiko für all jene Propheten, die das goldene Kalb nicht am Halfter führen. Die Versuchsaufführung fand am 30. September 1961 im Festsaal der Hochschule für Ökonomie in Berlin-Karlshorst statt. Vorgesehen war die Inszenierung als Eröffnung der Internationalen Studenten-Theaterwoche, die unter der Schirmherrschaft von Wolfgang Langhoff stand. Vor der Aufführung sickerte durch, daß das Stück politisch höchst bedenklich, ja gefährlich sei. Daraufhin wurden der Zentralrat der FDJ und die Hochschulleitung aktiv. Eigentlich wollte man das Stück absetzen, aber wegen der Internationalen Studenten-Theaterwoche ließ sich das nicht ohne umständliche Erklärungen machen. So entschloß man sich trotz größter Bedenken zur Aufführung. Darüber schreibt Müller in seinen Memoiren: »Der Zentralrat hatte allerdings schon ein wenig vororganisiert. Die Genossen Zuschauer wurden vor der Aufführung versammelt und instruiert, daß sie zu protestieren hätten... Einige Genossen mußten... lachen und haben nicht mehr protestiert, dadurch wurde es zur Katastrophe. Berta Waterstradt, eine alte Schriftstellerin aus dem Bund proletarisch-revolutionärer Schriftsteller, mußte sich später vor ihrer Parteiorganisation im Schriftstellerverband verantworten, weil sie nicht protestiert, sondern sogar gelacht hatte. Sie hätte ja Buh rufen wollen, sagte sie, aber sie hätte immer lachen müssen, und das könne man nicht gleichzeitig.«[13]

13 Heiner Müller. Krieg ohne Schlacht. Leben in zwei Diktaturen. a.a. O., S. 168.

Die Aufführung erfolgte zu einem denkbar ungünstigen Zeitpunkt. Im Monat zuvor, am 13. August 1961, wurde die Grenze geschlossen und die Berliner Mauer errichtet. Die Intellektuellen verbanden zwar damit die Hoffnung, politische Probleme jetzt offener mit Partei und Regierung austragen zu können, weil man sich nun »unter sich« fühlte, nicht mehr den Einflüssen der offenen Grenze ausgesetzt. Aber Walter Ulbricht dachte da ganz anders. Noch am Tage des Mauerbaus machte er seinem Ideologiechef Kurt Hager klar, daß es mit der »Erpressung durch die Professoren«, natürlich auch mit der durch die Künstler, ein Ende habe. Die Zügel sollten fester angezogen werden. Die Aufführung der »Umsiedlerin« erwies sich als erste Gelegenheit, das vorzuführen. 32 Parteistrafen wurden im Zusammenhang mit der »Umsiedlerin« ausgesprochen.

Die Sicht auf das Stück und die Aufführung durch die literarische Öffentlichkeit war niederschmetternd. Fast alle, die in der Literatur, im Theater Rang und Namen hatten, sprachen sich gegen das Stück aus. Doch das war nicht nur eine Folge der Repressionen. Die Gesellschaft fühlte sich von diesem Stück so abgestoßen, so schockiert, daß man meinte, hier sei einer tatsächlich zu weit gegangen. Man fühlte sich persönlich verletzt. Die sich empörten, waren nicht alles Dogmatiker. Vielmehr verhielt es sich hier wie bei den Verrissen großer Stücke der Dramengeschichte wie »Götz«, »Die Räuber«, »Kabale und Liebe«. Wie hatte doch der Rezensent der »Berlinischen Staats- und gelehrten Zeitung« am 21. Juli 1784 über »Kabale und Liebe« geschrie-

ben: »In Wahrheit wieder einmal ein Product, was unseren Zeiten Schande macht! Mit welcher Stirn kann ein Mensch doch solchen Unsinn schreiben und drucken lassen, und wie muß es in dessen Kopf und Herz aussehen, der solche Geburten seines Geistes mit Wohlgefallen betrachten kann.« Der das schrieb, Carl Philipp Moritz, gehörte zu den besten Köpfen im damaligen Berlin. Ähnlich, nur mit zeitgenössischen Vokabeln, wurde über Müllers »Umsiedlerin« geurteilt.
Die Maßnahmen zur sozialistischen Umgestaltung der Landwirtschaft lasteten auf der Gesellschaft. Was als Komödie gedacht war, im Sinne von Marx mit Lachen von der Vergangenheit Abschied zu nehmen, ging nicht auf. Die wenigen Leute, die das Stück damals sahen oder lasen, lachten zwar, aber sie wollten nicht billigen, daß so etwas vorgeführt wurde. Heiner Müller hat später in seinen Memoiren die Namen derer Revue passieren lassen, die alle gegen das Stück waren, und in der ersten Auflage der Memoiren stand auch einiges, was nicht gesagt und geschrieben worden war. Man macht das Stück klein, wenn man nicht von dem Schock ausgeht, den es auslöste, so daß sich auch kluge Köpfe, die sich nicht eingeschüchtert fühlten, dagegen aussprachen. Als zwei Jahre später um Strittmatters Roman »Ole Bienkopp« eine heftige Diskussion entbrannte, und sich wieder Kritiker meldeten, die die Errungenschaften auf dem Lande verunglimpft sahen, verteidigten die Leser den Roman und setzten ihn durch, obwohl das kulturpolitische Klima keineswegs besser geworden war.

Strittmatter kam durch, Heiner Müller nicht.

Strittmatters Titelfigur hatte die Anteilnahme der Leser, Müller hatte, wie er in seiner »Selbstkritik« gestand, die Zuschauer allein gelassen.

Die eigentliche kulturpolitische Infamie bestand darin, daß die Darsteller, die Studenten, so in die Mangel genommen wurden, bis sie bekannten, an einem politisch schädlichen »antikommunistischen, konterrevolutionären und antihumanistischen Stück« mitgewirkt zu haben; daß sie mit »diesem Machwerk reaktionärer Kräfte unseren Staat geschädigt, den Feinden unserer Republik und des Friedens in die Hände gearbeitet« hätten.

»Ich schäme mich für meinen zwar unwillentlichen, doch vermeidbaren Einsatz für die volksfeindlichen Ziele unseres Gegners. Ich lehne das Stück als konterrevolutionär und antihumanistisch ab und distanziere mich von Autor und Regisseur dieser Provokation gegen unseren Staat«,[14] hieß es in einer dieser Stellungnahmen. Hans Bunge, der mit den Studenten in Verbindung stand, hat später berichtet, fünf Studenten seien zu ihm in die Wohnung gekommen, um sich beraten zu lassen, was sie machen könnten, um nicht eine solche Stellungnahme schreiben zu müssen.

Obwohl weder Aufführung noch das Stück in der Presse groß erörtert wurden, kam es zu einer regelrechten Kampagne.

---

14 Der Fall Heiner Müller. Dokumente zur Umsiedlerin. In: Sinn und Form. Heft 3/1991. S. 435.

Nachdem die direkt daran Beteiligten Selbstkritik geübt hatten, mußten die führenden Kulturinstitutionen Stellung nehmen. Entsprechend dem Ritus der Zeit war jedes Mitglied dieser Einrichtungen aufgefordert, seine Meinung zur »Umsiedlerin« offenzulegen. Die Darsteller des Studententheaters ebenso wie etwa Anna Seghers oder Franz Fühmann. Als eine der ersten Einrichtungen wandte sich das Berliner Ensemble mit einem Brief an das Kulturministerium. Dieses Schreiben stützte sich aber nur auf die Eindrücke von Elisabeth Hauptmann, Hilmar Thate, Herbert Fischer und Helmut Baierl, die die Aufführung gesehen hatten. Müller habe mit diesem Stück »seine Begabung in erschreckender Weise abgebaut« und die Regie sei »nahezu verbrecherisch«. »Das Stück ist sowohl politischer Unsinn als auch künstlerischer Unsinn.«[15] Eigentlich müßte es, so in dem von Helmut Baierl unterschriebenen Brief, »Von Strick zu Strick« heißen. Anderseits gab es hier auch die Bemerkung, dem Autor habe etwas »Überepisches« vorgeschwebt. Tatsächlich versuchte sich Müller schon hier, von Brecht abzustoßen, in der Darstellung der Widersprüche über ihn hinauszugehen. Doch das konnte weder von der politischen noch von der formalen Gestaltung her völlig aufgehen. Der Brief des Berliner Ensembles brachte zweifellos echte Bedenken gegen Müllers Dramaturgie zum Ausdruck. Sie sahen die von Brecht begründete Gestaltungsweise und Methode gefährdet, die noch nicht ge-

15 Ebenda. S. 454.

festigt und durchgesetzt war. Andererseits gedachte man mit dem Brief geschickt taktisch zu operieren, was aber nur als opportunistisch angesehen werden konnte. Manfred Grund und ihr früherer Mitarbeiter Tragelehn, Meisterschüler bei Brecht, hatten das Stück mit den Studenten auf die Bühne gebracht. Jetzt wollten die Briefschreiber das Ensemble aus dem Unternehmen heraushalten.

In den verschiedenen Gremien des Schriftstellerverbands kam es ebenfalls zur Diskussion. Auch hier wurde es als »feindlich und schädlich«, als eine »Beleidigung aller humanistisch denkenden Menschen« empfunden. Nur Peter Hacks äußerte, »daß es sich um ein schlechtes Stück, jedoch nicht um ein schädliches handele«.[16] Die klügsten Leute kehrten jetzt nicht Vorzüge hervor, sondern beschränkten sich darauf, die schlimmsten Anwürfe zurückzuweisen. Die Diskussion fand mit dem Ausschluß Heiner Müllers aus dem Schriftstellerverband ihren Abschluß. Hacks versuchte noch einmal zu vermitteln, indem er vorschlug, man solle es Heiner Müller anheim stellen, selbst seine Entlassung aus dem Verband zu beantragen. Aber auch darauf ließ man sich nicht ein. Daß sich von den führenden Schriftstellern keiner für Müller einsetzte, läßt sich nicht nur auf politischen Druck zurückführen. In Müllers Stück sahen sie den unverzichtbaren humanistischen Anspruch verletzt und glaubten sich so in einer Position, in der sie etwas zu verteidigen hatten.

16 Ebenda. S. 460.

Vom Präsidium der Akademie der Künste, der Sektion Dichtkunst und Sprachpflege sowie der Sektion Darstellende Kunst verlangte der Stellvertretende Vorsitzende des Ministerrats, Alexander Abusch, ein wissenschaftliches Gutachten. In der Sitzung lagen dann die Gutachten von Franz Fühmann und Bruno Apitz vor. Fühmann konnte schon von seinem eigenen poetischen Credo her nichts mit Müllers Stück anfangen. Er, der im Leben wie in seiner Poesie auf die Wandlung des Menschen setzte, sah bei Müller alles »schwarz in schwarz« gemalt, keinerlei innere Entwicklung, »die einen auch nur hoffen ließe«. »Ich glaube nicht, daß dieses Stück, dessen Grundtendenz verfehlt ist, durch eine Überarbeitung verändert werden kann.«[17] Die Mitglieder, darunter Bodo Uhse, Stephan Hermlin, Willi Bredel, Wieland Herzfelde, Arnold Zweig, Anna Seghers, Erich Engel schlossen sich dem Gutachten Fühmanns an. In einer Sektionssitzung führte Willi Bredel aus: »Das Stück habe ihn ... stellenweise direkt angewidert und peinlich berührt.«[18] Arnold Zweig warnte davor, junge Schriftsteller in Gegenwartsthemen »hineinzutreiben«. Er stehe deren künstlerischen Gestaltung skeptisch gegenüber. Erich Engel, der der Akademie angehörte, aber in Westberlin lebte, hielt das Stück für eine »Zusammenraffung von negativen Fällen«. Aber er bat darum, Heiner Müller einmal in die Akademie einzuladen. Dagegen polemisiert Otto Got-

---

17 Ebenda. S. 470.
18 Ebenda. S. 474.

sche heftig. Die Akademie sei nicht dazu da, einen überheblichen Menschen zu erziehen. »Die Frage, ob er hoch begabt ist oder ein Stümper, sei noch nicht entschieden.«[19] Auch Franz Fühmann, der später gern junge Dichter in die Akademie lud, sprach sich gegen eine Einladung Müllers aus. Erich Engel warf noch einmal ein, diesem jungen Mann habe etwas in der Art von Hieronymus Bosch und George Grosz vorgeschwebt. Nur halte Heiner Müller den Menschen für unveränderbar. »Wir sollten ihn aus seiner Isolation herausholen und mit ihm sprechen. Es müßte doch möglich ein, die Nuß zu knacken.«[20] Daß der Mensch veränderbar ist, das war ihr aller Credo, das wollten sie verteidigen und darin sahen sie auch eine Berechtigung, gegen Heiner Müller zu sein. Die maßvollste Haltung gegenüber dem Stück nahm die Sektion Darstellende Kunst ein, die in ihrer Stellungnahme auch auf das Negative hinwies, aber doch mehr das Talent dieses Autors hervorhob.

Von Tragelehn und Heiner Müller wurde entsprechend der Gepflogenheit der Zeit eine »Selbstkritik« verlangt. Sie kamen dieser Aufforderung nach. Helene Weigel sperrte Heiner Müller ins Turmzimmer des Berliner Ensembles und ließ sich Seite für Seite ins Direktionszimmer bringen. In der Schlußpassage seiner »Selbstkritik« schrieb Müller: »Ich wollte der Partei mit meiner Arbeit helfen, selbst isoliert von ihr. Ich sehe das Ergebnis meiner

---

19 Ebenda. S. 476.
20 Ebenda. S. 477.

Arbeit in der Isolierung: einen Schaden für die Partei. Ich sehe, daß ich ihre Hilfe brauche, wenn ich ihr nützen will, und nichts anderes will ich.«[21] Nach der Wende wurde Müller gefragt, ob er sich dieser Zeilen schäme. Die Frage ist ganz unhistorisch gestellt. Selbstkritik gehörte zum Ritus der Zeit. Auf diesem Gebiet gab es wahre Virtuosen, die sogar die Selbstkritik benutzten, um ihren »nächsten Irrtum« vorzubereiten. Müllers »Selbstkritik« gehörte wider Erwartung nicht zu dieser Gattung. Sie war brav. Vielleicht wollte er doch kein Zyniker sein, wie er gegenüber Alfred Kurella empört beteuert hatte. Tragelehn wurde trotz seiner Selbstkritik als Regisseur am Theater in Senftenberg entlassen und in die Produktion geschickt.

Es gab damals eigentlich nur zwei aus dem Kreis um Müller, die ihn verteidigten, obwohl auch sie sein Experiment für mißlungen hielten: Hans Bunge und Peter Hacks.

Hans Bunge konzentrierte sich mit großem Aufwand darauf, Müller vor dem Vorwurf konterrevolutionärer Absichten zu bewahren. Obwohl diese eingeschränkte Verteidigung richtig war, vermochte er nichts auszurichten. Hacks, der sich damals anschickte, sich an der klassischen Dramaturgie zu orientieren, kreidete Müller zwar die größten dramaturgischen Schnitzer an, stellte aber die »Umsiedlerin« als den Prototyp eines Dramas der »sozialistischen Klassik« heraus. Das war die entschiedenste Verteidigung, und die empfand man als Provokation. Die Presse

---

21 Ebenda. S. 464/5.

der Bundesrepublik notierte nur die Repressionen gegen die Aufführung. Für die Theater-Literaturkritik schien das Stück ein Muster ohne Wert zu sein.

Die Uraufführung erfolgte 15 Jahre später in der Berliner Volksbühne unter der Regie von Fritz Marquardt. Er ließ das Stück fast ungekürzt spielen, nur der Titel mußte geändert werden. Es hieß jetzt »Die Bauern«. Man wollte keine Erinnerung an die Aufführung von 1961. Als der Autor das Stück »Die Umsiedlerin« nannte, legte er den Akzent auf eine der ganz wenigen positiv zu nennenden Figuren, auf die Umsiedlerin Niet. 1976 kam es weder zum Skandal noch zu einem Vorwurf gegen den Dichter. Stück und Aufführung fanden jetzt Lob, wenn auch nicht ungeteilt. Zurückzuführen war das weniger auf eine veränderte Kulturpolitik als mehr auf die veränderte Lage in der Landwirtschaft. Trotz einiger Fehlentwicklungen gab es dort jetzt Wohlstand. Mehr als in der Industrie unterschied sich hier das Leben von früher. Darauf zu hoffen hatten in den frühen sechziger Jahren nicht einmal die Berufsoptimisten gewagt. Wenn Müller in seinen Szenen die schreckliche Zeit der Umwälzungen beschwor, konnte sich das Publikum zurücklehnen in der Gewißheit, das überstanden und etwas erreicht zu haben. Jetzt konnte mit Lachen Abschied genommen werden. Nicht erinnert werden wollte man allerdings daran, wie man sich gegenüber dem Stück verhalten hatte.

Das verkrafteten einige Leute nicht. Als Marianne Streisand vom Zentralinstitut für Literaturgeschichte der Akademie der

Wissenschaften Mitte der achtziger Jahre eine Rezeptionsgeschichte »Die Umsiedlerin« – »Die Bauern« schrieb, gab es keine Chance für eine Veröffentlichung.

Die exzellente Aufführung brach jedoch nicht die Bahn für eine breite Rezeption. Selbst die ausführlichsten Müller-Exegesen umgehen das Werk lieber als daß sie darauf eingehen. Auch in Zukunft wird es ein sperriges Stück bleiben, von dem sich wieder einige, wenn auch auf ganz andere Art als Willi Bredel, »angewidert und peinlich berührt« fühlen. Es hat einen großen historischen Gegenstand, der nicht mehr als groß angesehen, der getilgt wird. Doch all das nährt die Bedeutung des Stückes. Es wird bleiben.

Heiner Müllers Stücke DER LOHNDRÜCKER und DIE UMSIEDLERIN ODER DAS LEBEN AUF DEM LANDE erscheinen als fünfter Band der DDR-BIBLIOTHEK im Verlag Faber & Faber / SISYPHOS-PRESSE, Leipzig 1995, unter Mitwirkung von Dr. Ulrich Wechsler, München

Die Gesamtausstattung der DDR-BIBLIOTHEK liegt in den Händen von Juergen Seuss, Niddatal bei Frankfurt am Main

Das Buch wurde bei Franz Spiegel Buch GmbH, Ulm, gedruckt und gebunden / Die Satzarbeiten oblagen der Druckerei Richard Wenzel GmbH, Goldbach bei Aschaffenburg / Als Schrift kam die Korpus halbfette, gemischt mit der Borgis normalen Garamond auf System mft 4000 der Firma Berthold zur Verwendung / Das 100 g Alster-Werkdruckpapier wurde von Geese-Papier, Hamburg, bezogen / und / das Hansa-Gewebe für den Einband von der Firma Gustav Ernstmeier, Herford, zur Verfügung gestellt / Printed in Germany 1995 / ISBN 3-928660-46-2

Von jedem Band der DDR-BIBLIOTHEK erscheint eine Vorzugsausgabe von 300 Exemplaren. Diese ist in gelbes Buch-Leinen gebunden, mit einem separat eingelegten originalgraphischen Blatt versehen und wird im Schuber geliefert. Die Radierung zu diesem Band entwarf Xago Schröder, Berlin.
ISBN 3-928660-53-5